Mantova & Padova
1879

Brochard, Victor

De l'Erreur

DE L'ERREUR 439

NANCY — IMPRIMERIE BERGER-LEVRAULT ET Cie

DE

L'ERREUR

THÈSE POUR LE DOCTORAT

PRÉSENTÉE A LA FACULTÉ DES LETTRES DE PARIS

PAR

VICTOR BROCHARD

ANCIEN ÉLÈVE DE L'ÉCOLE NORMALE SUPÉRIEURE

AGRÉGÉ DE PHILOSOPHIE

PROFESSEUR DE PHILOSOPHIE AU LYCÉE DE NANCY

PARIS

BERGER-LEVRAULT ET Cie   GERMER BAILLIÈRE ET Cie

LIBRAIRES-ÉDITEURS   LIBRAIRES-ÉDITEURS

5, Rue des Beaux-Arts, 5   108, Boulevard Saint-Germain, 108

1879

A MONSIEUR

Paul JANET

Membre de l'Institut

PROFESSEUR A LA FACULTÉ DES LETTRES DE PARIS

Hommage de reconnaissance et de respect.

DE L'ERREUR

CHAPITRE I.

Du problème de l'erreur.

Les logiciens et les moralistes se sont souvent occupés des erreurs, les uns, pour en déterminer les diverses espèces et dresser la liste des sophismes ; les autres, pour découvrir dans la variété complexe des sentiments et des passions les influences qui faussent le jugement, et expliquer par les entraînements du cœur les égarements de l'esprit.

A côté de ces questions, à coup sûr intéressantes et importantes, il y a place pour un autre problème à la fois logique et métaphysique. On peut se demander ce que l'erreur est en elle-même, comment elle est possible en des intelligences dont la fonction essentielle semble être de connaître la vérité, comment elle apparaît sous tant de formes diverses, tantôt partielle et comme dissimulée entre plusieurs vérités, tantôt générale et faussant, par la place qu'elle occupe, les vérités mêmes qui l'entourent ; presque toujours si étroitement unie à la vérité qu'elle peut à peine en être détachée par la plus minutieuse attention, et mêlée de vérité plus souvent encore qu'elle n'est mêlée à la vérité.

La solution de ce problème est importante si on veut mesurer la portée de l'esprit humain. Le nombre et la fréquence de nos erreurs, l'impossibilité où nous sommes de les éviter, sont des arguments constamment invoqués par les détracteurs de la raison. Qu'avec les sceptiques on condamne l'esprit sans le remplacer, ou que, comme les mystiques, on se défie de lui et qu'on l'écarte pour lui substituer les élans du sentiment, ou qu'enfin, à l'exemple des empiristes, on prétende l'enfermer dans un étroit domaine, celui de la science positive, en lui interdisant toute excursion qu'on déclare non-seulement dangereuse, mais impossible, c'est toujours l'exemple de ceux qui se sont trompés qu'on met en avant ; c'est toujours le spectre de l'erreur qu'on évoque. Pourtant, si de ce que les hommes se sont souvent trompés, on voulait conclure légitimement qu'ils se tromperont toujours, soit en toutes choses, soit dans un ordre particulier de connaissances, il faudrait avoir déterminé pourquoi ils se trompent, avoir établi que l'erreur dépend d'une cause permanente, que l'esprit humain, affligé d'un vice radical et incurable, est à jamais incapable de saisir la vérité. Est-il, comme disait Bacon, sans se préoccuper de la contradiction que sa doctrine renfermait, semblable à un miroir qui tord et défigure toutes les images qu'il reçoit ? — On doit résoudre cette question si on veut porter sur lui un jugement équitable ; il faut instruire son procès avant de le condamner ou de l'absoudre.

On peut dire qu'une solution de cette question est donnée par une théorie de la vérité et de la certitude, et qu'il n'y a point grand avantage à prendre les problèmes à revers au lieu de les aborder de face. — Toutefois, lorsqu'il est question de vérité et d'erreur, comme lorsqu'il s'agit du bien et du mal, toutes les obscurités ne sont pas levées une fois qu'on a considéré le côté positif du problème : il est nécessaire d'envisager aussi le côté négatif. L'erreur ne s'oppose pas à la vérité comme l'oubli au souvenir, ou l'ignorance à la science. L'oubli n'est que l'absence du souvenir : il est expliqué lorsqu'on sait pourquoi les causes qui produisent le souvenir ont cessé d'agir. Mais l'erreur n'est pas seulement l'absence de la vérité; elle n'est pas seulement une privation ou une négation. Du moins, c'est une question de savoir si elle ne contient rien de positif. Si elle est positive, il faut expliquer comment ce caractère peut être concilié avec la certitude. Il y a donc un problème de l'erreur, intimement uni, il est vrai, à celui de la certitude, car ce serait une bizarre tentative de chercher à connaître ce qu'est l'erreur sans savoir ce qu'est la vérité; distinct pourtant de ce problème comme la réfutation d'une antithèse diffère de l'exposition d'une thèse. — Un partisan de l'optimisme qui ne se préoccuperait pas des objections tirées de l'existence du mal, aurait édifié sur le sable. De même une théorie de la certitude ne saurait être complète sans une théorie de l'erreur.

Les philosophes sont loin d'être d'accord sur la question de savoir si la vérité peut être connue et si la certitude est accessible à l'homme. On peut ramener à deux les solutions principales que ce problème a reçues; quelle que soit celle que l'on adopte, la question de l'erreur conserve toute son importance.

A l'origine, le sens commun nous invite à considérer les choses et le monde sensible comme existant en dehors de nous, de telle sorte que nos idées en soient les images fidèles. Une telle conception pourtant, contredite par les erreurs des sens, si fréquentes, battue en brèche par l'expérience de chaque jour, ne peut se soutenir longtemps. Mais aussitôt la métaphysique la transporte du monde sensible dans le monde intelligible. Aux choses sensibles, décidément trop mobiles et trop insaisissables pour être l'objet de la vraie science, on substitue les « idées », comme dit Platon, les « essences objectives », comme disent Descartes et Spinoza. Mais si l'objet de la connaissance a changé, le mode de la connaissance est demeuré le même; c'est par une sorte de regard immédiat, par une intuition directe que la pensée découvre les essences intelligibles : la connaissance vraie est toujours l'image fidèle de la réalité.

Quelques-uns vont même plus loin : non-seulement la pensée voit les choses telles qu'elles sont, mais, puisque l'essence des choses est intelligible, elle s'identifie avec elles. Elle ne les voit plus du dehors, mais du dedans ; elle est au cœur de l'absolu. Malebranche, en soutenant la théorie de la vision en Dieu, est bien près d'accepter cette conception. Spinoza l'adopte ouvertement : la pensée adéquate de l'homme, identique à la pensée divine, ne se distingue pas de l'essence objective[1].

Mais qu'on identifie l'idée et l'objet, ou qu'on distingue deux choses, l'être et la pensée, l'idée, lorsqu'elle est vraie, est tellement conforme à l'être qu'il est inutile de l'en distinguer. « Le vrai, c'est l'être », dit Bossuet. — Dès lors, la certitude ne se distingue plus de la vérité. Ce serait mal la définir que de la considérer comme l'*adhésion* de l'âme à la vérité : elle n'est autre chose que la connaissance même du vrai. Elle n'est pas un état subjectif de l'âme ; elle n'est pas une chose qui s'ajoute à l'idée vraie. Si l'âme est certaine, ce n'est pas en tant qu'elle est l'âme de tel ou tel, individuelle et déterminée, mais en tant qu'elle représente un objet et qu'elle fait partie de l'absolu. On peut être certain sans le savoir. L'âme ne décide pas d'elle-même si elle est certaine ou non ; elle n'a pas à chercher de criterium de certitude. Ce criterium n'existe pas : le vrai est à lui-même sa marque. — Notre langage, formé sous l'influence de ces idées, ne distingue pas entre le criterium de la vérité et le criterium de la certitude, et nous disons indifféremment que nous sommes certains ou qu'une chose est certaine.

Quel nom donner à cette doctrine ? Idéaliste, elle l'est à

---

1. SPINOZA, *De Int. Emend.* — Éd. de 1677, p. 366.

coup sûr; mais bien d'autres, celle de Kant par exemple, le sont également. D'ailleurs, on pourrait avec autant de justesse l'appeler réaliste. Le nom de philosophie de l'intuition ne lui convient pas non plus, car pour quelques-uns de ses adeptes, tels que Spinoza, la connaissance est plus qu'une intuition : c'est comme une pénétration de l'objet par la pensée. On peut la désigner sous le nom d'*intellectualisme*, puisqu'elle explique tout ce qui est par la seule intelligence, et juge de l'être par les idées que nous en avons ; elle sera encore mieux caractérisée, semble-t-il, par le nom de *dogmatisme métaphysique*; et ce nom peut convenir à toute doctrine suivant laquelle l'esprit humain aperçoit directement l'essence des choses en soi.

Or, pour le dogmatisme métaphysique, quelle n'est pas l'importance du problème de l'erreur? Comment ne pas être ébranlé dans la confiance illimitée qu'on accorde à l'esprit, lorsqu'on le voit capable de connaître le faux, c'est-à-dire ce qui n'est pas? Dire que l'esprit connaît directement la réalité, c'est dire qu'en lui-même il est infaillible ; on l'affirme expressément, et pourtant il se trompe ! Il faut bien concilier ces choses en apparence au moins contradictoires, et le philosophe est tenu d'expliquer comment les défaillances trop certaines de l'esprit n'altèrent pas son infaillibilité. La question est d'autant plus grave que souvent, quand nous nous trompons, nous déclarons être certains. A coup sûr, nous ne le sommes pas, puisque, par définition, la certitude est la connaissance de la vérité. Mais le vulgaire ne distingue pas facilement la certitude vraie de la certitude fausse. Il faut des yeux de philosophe pour apercevoir la différence; même en y regardant de très-près, ils ne l'aperçoivent que malaisément; c'est même une question de savoir s'ils l'aperçoivent.

Les grands métaphysiciens, Platon, Descartes, Malebranche, Spinoza, n'ont pas méconnu l'importance de la question; ils en ont vu la difficulté, et se sont épuisés en efforts pour la résoudre. Rien de plus simple et de plus clair que leur théorie de la certitude ; rien de plus compliqué et de plus obscur que leur théorie de l'erreur. Unanimes sur la première, ils sont très-divisés d'opinion sur la seconde, et il est à coup sûr intéressant et instructif de comparer les diverses solutions que ces grands esprits ont données d'un même problème.

Si la découverte de l'erreur ne tarde pas à faire disparaître le réalisme naïf, qui est la première croyance de l'esprit humain et lui fait considérer ses idées comme absolument semblables aux choses, on peut dire aussi qu'elle marque l'avénement de la critique. Elle prouve, en effet, que l'esprit humain ne connaît pas toujours les choses telles qu'elles sont ; il ajoute à ce qu'il reçoit ; souvent il le modifie ; la connaissance n'est pas indépendante du sujet qui connaît. On arrive ainsi à cette conception des choses à laquelle Kant a donné une forme définitive et qu'on appelle la philosophie critique.

Dans cette doctrine, la vérité et l'erreur pourront être définies de deux manières différentes. D'abord, on pourra admettre qu'il y a des choses en soi hors de la pensée, et, bien que l'esprit n'ait pas directement l'intuition de la réalité, si les notions qu'il forme se trouvent être, soit en vertu d'une sorte d'harmonie préétablie, soit à la suite de tâtonnements et d'efforts pour s'adapter à la réalité, conformes aux choses en soi, elles seront vraies ; elles seront fausses dans le cas contraire. — Mais alors il sera nécessaire de donner les raisons de cette différence ; le problème de l'erreur conservera la même importance que dans la théorie précédente, ou plutôt il en acquerra une plus grande ; car dans la doctrine précédente la connaissance du vrai était l'état normal de l'esprit ; la connaissance fausse était une déviation accidentelle; la vérité était la règle et l'erreur l'exception. Mais si la vérité résulte d'une sorte de rencontre, d'une coïncidence, le rapport est renversé; l'erreur est en quelque sorte l'état naturel de l'esprit. — Et il resterait bien d'autres difficultés à résoudre : celle de savoir, par exemple, à quel signe on reconnaît qu'une chose est vraie ou fausse.

En second lieu, on pourra, comme le fait depuis Kant la philosophie critique entendue au sens rigoureux, renoncer à parler de choses en soi, et à imaginer entre elles et nos idées une conformité impossible à vérifier. Dans cette hypothèse, il semble qu'il n'y ait plus de vérité ni de certitude possibles, et on persuadera malaisément à beaucoup de philosophes que ce ne soit pas là une forme du scepticisme. L'esprit étant isolé, n'ayant plus de prises sur une réalité indépendante et ne pouvant plus contrôler ses opérations en les comparant à ce qui est hors de lui, comment choisir entre les diverses idées ou propositions qu'il forme? Toutes ses opérations ne sont-elles pas également naturelles et légitimes au même titre? Pourtant les partisans de cette doctrine refusent de se laisser confondre avec les sceptiques. Ils doivent donner une nouvelle définition de la vérité et montrer qu'elle peut être connue sans sortir de la sphère des représentations; il faudra aussi qu'ils se prononcent sur la question de la certitude. Mais il sera surtout indispensable qu'ils rendent compte de l'erreur. S'il n'y a que des phénomènes et des lois, ou des idées et des catégories à l'aide desquelles nous les coordonnons, d'où vient que l'erreur se glisse dans nos synthèses? Est-ce que, quand nous nous trompons, les phénomènes ne se produisent pas de la même manière que quand nous connaissons la vérité? Est-ce que nous pensons alors avec d'autres catégories? Y a-t-il des catégories spéciales de l'erreur? On peut dire que pour cette philosophie plus que pour toute autre, si elle veut vaincre les défiances qu'elle inspire, il est nécessaire d'établir nettement la distinction du vrai et du faux et, en montrant la genèse de l'erreur, de prouver qu'elle est un accident et qu'elle n'est pas un obstacle à la certitude.

La première partie du présent travail sera consacrée à chercher ce qu'est l'erreur en se plaçant au point de vue du dogmatisme métaphysique. On ne pourra mieux faire que d'exposer et de discuter les théories des grands philosophes qui ont attaché tant d'importance à ce problème, Platon, Descartes, Spinoza.

Si le problème de l'erreur peut être résolu dans cette doctrine, personne ne pensera que la solution tant cherchée ait pu échapper à de tels esprits. Si ces grands philosophes ont échoué dans leurs tentatives, il sera permis de penser que le problème, tel qu'ils l'ont posé, est insoluble; c'est plutôt l'insuffisance de la doctrine que l'impuissance de ses représentants qu'il faudra accuser; il ne restera plus qu'à changer de point de vue et à abandonner le principe de la métaphysique dogmatique.

Si l'on voulait disposer ces doctrines d'après les rapports que l'analyse découvre entre elles, si on osait préférer l'ordre logique à l'ordre chronologique, la théorie de Spinoza devrait être placée la première, celle de Platon viendrait ensuite, et c'est par celle de Descartes qu'il faudrait finir.

La théorie de l'erreur, d'après Spinoza, est la plus absolue et peut-être la plus conséquente avec le principe du dogmatisme métaphysique. Spinoza ne recule devant aucune conséquence de ce principe; ainsi qu'on le verra, il nie l'erreur, comme Parménide, avec qui il présente d'ailleurs tant de points de ressemblance, niait le non-être.

La métaphysique de Platon est expressément une correction de celle de Parménide; de même sa théorie de l'erreur pourrait être considérée comme une correction de celle de Spinoza.

Descartes, d'accord avec ces philosophes sur la question des rapports de l'esprit avec les choses, s'éloigne d'eux par la part qu'il fait à la volonté dans sa théorie de l'erreur et dans celle de la certitude ; par là on peut dire qu'il prépare l'avénement de la philosophie critique. — Descartes est sans doute le maître de Spinoza, mais en dépit des théories sur le développement continu de la pensée humaine, le disciple indépendant et infidèle revient en arrière, et il retrouve après Descartes des doctrines que Platon avait déjà combattues.

Toutefois ce serait peut-être faire une trop grande violence à nos habitudes d'esprit que de renverser l'ordre des dates. Il suffira d'avoir marqué ici l'enchaînement logique des systèmes ; on se conformera dans l'exposition à l'ordre historique.

Dans la seconde partie, on envisagera le problème de l'erreur au point de vue de la philosophie critique. — On ne pourra l'aborder directement qu'après avoir rappelé comment on définit, dans cette doctrine, la vérité et la certitude ou plutôt la croyance.

PREMIÈRE PARTIE.

CHAPITRE II.

Théorie de Platon.

Les anciens n'ont pas songé à distinguer dans la connaissance la part du sujet et de l'objet[1]. Pour eux, l'esprit est, par rapport aux choses, comme un miroir où elles se reflètent fidèlement.

Tout ce qui est pensé, est : on ne saurait penser ce qui n'est pas. La pensée est la mesure de l'être.

Il résulte rigoureusement de ce principe, et les sophistes s'en aperçurent bientôt, que l'erreur est impossible. « Rien n'est faux », disent Protagoras et Euthydème, car se tromper ce serait penser ou dire ce qui n'est pas, c'est-à-dire ne rien penser ou ne rien dire[2].

Ni Socrate, ni Platon, pour qui les idées morales sont les principes directeurs et régulateurs de toute recherche spéculative, ne pouvaient accepter cette proposition avec son corollaire nécessaire: rien n'est mauvais. — Pourtant, leur doctrine semblait les y contraindre.

Socrate, il est vrai, s'aperçoit que tous les actes de l'esprit ne sont pas également capables d'atteindre la réalité: il refuse d'accorder aux sophistes que la sensation soit la

---

1. *La Philosophie des Grecs*, par Éd. ZELLER. Trad. Em. Boutroux. Introduct. génér., ch. III, p. 135.
2. *Euthyd.* 286, E.; 286, A.; *Crat.* 429, D.

mesure des choses. Ce sont les idées générales, les concepts, qui représentent ou qui sont pour lui la véritable réalité. Mais ces concepts, c'est par une opération toute logique, la définition, que nous les déterminons. Socrate reste fidèle au point de vue de la philosophie ancienne ; il n'y a dans la réalité rien de plus et rien d'autre que dans la pensée.

Quant à Platon, s'il réalise dans les idées les essences que Socrate n'avait point posées comme séparées [1], les idées ne sont connues et n'existent pour nous que dans les concepts qui les représentent ; elles ne sont que ces concepts objectivés. Antérieures aux concepts dans l'ordre de l'existence, elles leur sont postérieures dans l'ordre de la connaissance. Avant d'être réaliste, Platon est conceptualiste comme Socrate : il complète la doctrine de son maître, mais sans altérer ce qu'il en conserve.

C'est donc toujours sans sortir de lui-même et par sa vertu propre que l'esprit découvre la vérité [2]. En suivant sa loi, il retrouve l'image fidèle de ces idées à la nature desquelles il participe. Le mouvement de la dialectique qui permet de se placer au cœur des choses est une allure naturelle à l'esprit qu'il s'agit seulement de distinguer et de régulariser.

Mais si la pensée est à ce point la mesure de l'être qu'il lui suffise d'être elle-même pour se trouver au sein de l'absolu, d'où vient qu'elle se trompe ? Si on accorde qu'elle s'égare une seule fois, quelle garantie reste-t-il à la science ? Et si on nie l'erreur comme Parménide niait le non-être, le sophiste est là qui guette l'occasion, et c'est la morale qui est en péril. Prouver l'existence de l'erreur contre ceux qui la nient, alors que l'erreur semble être la négation du principe sur lequel repose la science, voilà le

---

1. ARIST., *Mét.*, XIII.

2. *Phil.* 65, D. — A. FOUILLÉE, *Phil. de Platon*, liv. VI. ch. III.

problème que Platon est forcé de résoudre. Il ne l'aborde qu'avec le plus grand trouble [1]. L'insistance et la subtilité avec lesquelles il en signale les difficultés dans le *Théétète* [2] nous indiquent que le philosophe l'avait en quelque sorte retourné sous toutes ses faces, et qu'il avait essayé toutes les issues pour sortir du cercle où il était enfermé. — La solution se trouve dans le *Sophiste* [3] : elle se rattache aux théories les plus abstraites et les plus hardies ; elle nous fait assister au plus puissant effort que le génie de Platon ait tenté pour établir définitivement sa doctrine.

I. — Dans la discussion du *Théétète*, cinq solutions du problème de l'erreur sont tour à tour proposées et écartées par Socrate.

Socrate commence par poser ce principe, qu'il n'y a pas de milieu entre savoir et ignorer, qu'il faut considérer ces termes comme absolument contraires l'un à l'autre. Ce principe était admis sans difficulté, non-seulement par les sophistes, mais par tous les philosophes antérieurs à Platon. — Socrate pourtant ne l'adopte que provisoirement : il lui servira à repousser les trois premières explications de l'erreur : et toutes les difficultés amassées comme à plaisir dans le *Théétète* auront pour but de nous préparer à l'abandonner définitivement.

1° L'erreur ne peut consister à prendre une chose qu'on sait pour une chose qu'on sait, car celui qui se trompe, se représentant ce qu'il pense autrement qu'il n'est, ne le connaît pas absolument. Elle ne consiste pas non plus à prendre ce qu'on ne sait pas pour ce qu'on ne sait pas, car de deux ignorances on ne saurait faire une pensée. On ne se trompe pas non plus en prenant ce qu'on sait pour ce qu'on ignore,

1. *Théét.*, 187, D.
2. 187, D. — 197.
3. 236, E, — 264, C.

ou ce qu'on ignore pour ce qu'on sait, puisque ignorer c'est, par définition, n'avoir aucune représentation d'une chose.

2° Dira-t-on, passant de l'ordre de la connaissance à l'ordre de l'existence, que l'erreur consiste à affirmer ce qui n'est pas ? — Mais de même qu'on ne peut voir ce qui n'est pas, on ne peut juger ce qui n'est pas. Juger ce qui n'est pas, serait ne pas juger; c'est l'argument indiqué ci-dessus.

3° On pourrait supposer que l'erreur consiste, étant don-nées deux représentations, conformes d'ailleurs à la réalité, à prendre l'une pour l'autre (αλλοδοξία). Mais suivant Platon le jugement est le résultat de la parole intérieure : c'est un dialogue de l'âme avec elle-même. Il faudrait donc admettre que l'âme, pensant une chose belle (et par hypothèse la connaissant comme telle), se dise qu'elle est laide. — Quel homme, fût-il aliéné, soutiendra une pareille chose, dira que le pair est impair, ou qu'un cheval est un bœuf?

4° Faisons maintenant un pas de plus et abandonnons le principe posé au début. Supposons qu'on puisse penser que ce qu'on sait est la même chose que ce qu'on ne sait pas, en d'autres termes, qu'on puisse à la fois savoir et ne pas savoir. Pour donner un sens à cette hypothèse, il faut (au moins pour le moment) admettre, comme le faisait Socrate, deux degrés dans la connaissance. On ne *sait* pas ce qu'on *sent*, et pourtant on en a une représentation. L'erreur con-siste peut-être à prendre une sensation pour une idée; elle ne sera, « ni dans les sensations comparées entre elles, ni « dans les pensées, mais dans le concours de la sensation « et de la pensée ».

L'âme pourra être considérée comme contenant une mul-titude de tablettes de cire où sont inscrits les différents souvenirs. S'il arrive qu'une sensation éveille un de ces souvenirs, quand l'âme applique à une sensation le souvenir ou l'idée qui lui convient, nous sommes dans le vrai; nous sommes dans le faux dans le cas contraire.

Par exemple, je connais Théodore et Théétète : il peut arriver que, les voyant tous deux, j'applique à la sensation produite par Théétète le souvenir de Théodore. Si je n'en vois qu'un, je puis lui appliquer le souvenir de l'autre.

Socrate ne rejette pas absolument cette explication : il la trouve seulement incomplète. En effet, ne nous arrive-t-il pas de prendre onze pour la somme de cinq et sept? Or, il s'agit là, non pas de nombres concrets, mais de nombres abstraits, c'est-à-dire de choses qu'on ne *sent* pas, mais qu'on *sait*. Si donc on imagine que ce qu'on connaît est autre chose qu'on connaît aussi, il faut, à moins de nier la possibilité de l'erreur, qu'on puisse « ne pas *savoir* ce qu'on *sait* », chose qui paraît absolument contradictoire.

5° On peut essayer une nouvelle explication. Autre chose est avoir une connaissance actuellement présente à la pensée, autre chose posséder une connaissance à laquelle on ne prend pas garde. Chacun de nous possède une multitude de souvenirs, de notions qui sont en lui, mais dont il ne fait pas un usage constant. Par une comparaison devenue célèbre, Platon assimile l'âme à un colombier, et les diverses connaissances à des colombes qui voltigent librement dans l'esprit. Acquérir la science, c'est enfermer les colombes dans l'âme; mais une fois la science acquise, il nous arrive souvent d'entreprendre une nouvelle chasse pour mettre la main sur une de ces colombes qui nous échappent encore même dans leur prison. Par exemple, le mathématicien connaît les propriétés des nombres; pourtant il cherche souvent ce qu'il sait, et par conséquent il ne sait pas ce qu'il sait. — Dans cette chasse n'arrive-t-il pas que nous saisissions une colombe au moment où nous croyons en saisir une autre? et n'est-ce pas là toute l'explication de l'erreur?

Si séduisante que paraisse d'abord cette explication, il faut encore l'écarter. En effet, au moment où je saisis une colombe, c'est une connaissance dont je m'empare ; mais comment le fait de connaître une chose explique-t-il que j'ignore ou que je méconnaisse quelque chose? Et je ne puis confondre cette connaissance avec une autre, car, par hypothèse, la connaissance que je saisis est exacte et adéquate. Il faudrait donc, pour expliquer l'erreur, que je saisisse, au lieu d'une connaissance, une ignorance ; mais comment supposer une ignorance ainsi réalisée, une pensée qui ne soit la pensée de rien? D'ailleurs ce serait revenir à une difficulté déjà signalée, car on ne peut confondre ce qu'on sait ni avec ce qu'on ne sait pas, ni avec ce qu'on sait.

Dans ces deux dernières explications, Socrate, pénétrant plus avant dans le problème, a essayé de faire comprendre comment on peut imaginer un moyen terme entre la science et l'ignorance. Cependant il n'abandonne pas le point de vue de l'exclusion absolue des contraires, et il recule toujours au moment où il faut dire qu'on peut à la fois *savoir* et ne pas *savoir*.

Il y viendra pourtant, non pas dans le *Théétète*, dialogue de réfutation, mais dans le *Sophiste*. Aussi bien, ce n'est pas sur des notions secondaires, comme celles de science et d'ignorance, qu'il veut essayer sa nouvelle doctrine. Il lui déplairait d'aborder le problème de côté et comme à la dérobée. Il l'attaque de face dans le *Sophiste*, et c'est à propos des notions essentielles de l'être et du non-être qu'il résout le problème de l'exclusion des contraires.

La question est posée dans le *Sophiste* au point de vue de l'être et du non-être exactement de la même manière que dans le *Théétète* au point de vue de la science et de l'ignorance. Étant donné le principe de l'exclusion absolue des contraires, on aboutit à d'interminables difficultés, quoi qu'on veuille dire, soit sur l'être, soit sur le non-être.

Le sophiste est un artisan de fantasmagories et d'erreurs. Mais penser ce qui n'est pas est impossible; si donc le sophiste, si l'erreur existent, le non-être est.

D'autre part, il faut rappeler le mot de Parménide : « L'être est, le non-être n'est pas : tu ne sortiras jamais « de cette pensée. » Et en effet, comment le non-être serait-il ?

On ne peut unir le non-être à rien dans un jugement. L'attribuer à l'être serait manifestement contradictoire. L'attribuer à quelque chose, c'est l'attribuer à l'être, car quelque chose ne peut être dit que d'un être. D'autre part, si on ne dit pas quelque chose, on ne dit rien. Enfin, on ne peut même pas énoncer le non-être, car ce serait lui attribuer le nombre qui est un être. On se contredit si on en parle. — Donc le non-être n'est pas.

Il faudra donc, au risque de passer pour parricide, porter la main sur la maxime de Parménide et prouver, afin d'expliquer l'erreur, que le non-être est. Mais avant d'aborder ce point délicat, il faut montrer qu'on rencontre les mêmes difficultés pour l'être que pour le non-être.

L'être est-il multiple? — S'il y a plusieurs principes distincts, l'être, en tant qu'être, est différent de chacun d'eux; dès lors les autres ne sont pas. — Si l'être n'appartient qu'à l'un des éléments, les autres ne sont pas. — S'il appartient à tous les éléments, tous, en tant qu'êtres, sont identiques et ne font qu'un : donc l'être n'est pas multiple.

L'être est-il un? — Mais alors, il y a deux choses, l'être et l'unité, car on ne peut donner deux noms à une même chose. Il ne doit même pas y avoir de nom, car si le nom est autre que la chose, il y a deux choses, et l'être n'est plus l'unité. Si le nom est le même que la chose, si la chose, l'unité, ne se distingue pas du nom, le nom n'est plus le nom d'une chose ; il n'est le nom de rien. D'autre part, l'unité n'est plus que l'unité d'un nom.

Est-ce l'unité d'un *tout* qu'il faut attribuer à l'être ? — Mais s'il a des parties, il n'est plus l'un en soi, il ne fait que participer à l'unité. Dès lors, il y a autre chose que l'unité, et l'être n'est plus un. — D'autre part, si l'être n'est pas un tout, il y a quelque chose que l'être n'est pas. D'ailleurs, comme tout ce qui arrive à l'existence forme un tout, il n'y a plus, comme le disait déjà Parménide, ni existence, ni génération. — Donc l'être ne possède ni l'unité absolue, ni l'unité d'un tout.

L'être est-il matériel ? — Cette opinion ne saurait être défendue, car il y a des êtres animés qui ont des âmes immatérielles. Si on nie que l'âme soit immatérielle, on ne niera pas qu'elle puisse être sage et juste. Or la sagesse et la justice sont choses immatérielles. Laissons pour le moment la question de savoir si l'être est immatériel, et tenons pour accordé que l'être n'est ni purement matériel, ni purement immatériel ; mais seulement une chose commune à ce qui est matériel et à ce qui est immatériel. Définissons-le provisoirement : « ce qui possède une puissance soit pour « exercer, soit pour subir une action. » — Mais voici de nouvelles difficultés.

Cette définition est combattue par ceux qui regardent l'être comme immatériel. Suivant eux, « la passion et l'action n'appartiennent qu'à la génération, connue par les sens, et non à la véritable essence, toujours semblable à elle-même et connue par la raison ». Mais connaître est une action, être connu, un état passif. Or l'être est connu : il est donc passif. De plus il connaît ; car, comment nous persuader « que la pensée, que l'auguste et sainte intelli-« gence n'appartiennent pas à l'être en soi ? » Et si l'être a la pensée, il a la vie ; s'il a la vie, il a une âme ; s'il a une âme, il se meut. Donc le monde et ce qui est mû existent : l'être est mobile.

Cependant, si tout est en mouvement, la science devient impossible. « Il faut combattre avec toutes les armes du raisonnement celui qui, détruisant la science, la pensée, l'intelligence, prétend encore pouvoir affirmer quelque chose de quoi que ce soit. » Le philosophe ne peut écouter « ni ceux qui croient le monde immobile, qu'ils le fassent un ou multiple, ni ceux qui mettent l'être dans un mouvement universel. Entre le repos et le mouvement de l'être et du monde, il faut qu'il fasse comme les enfants dans leurs souhaits, qu'il prenne l'un et l'autre. »

Mais si le mouvement et le repos, si l'un et le multiple existent également, l'être en lui-même n'est ni le mouvement ni le repos : nous n'en pouvons rien dire. — Nous voilà dans le même embarras que quand il s'agissait du non-être.

Après avoir commencé, suivant sa méthode familière, par une réfutation et une critique, Platon expose enfin sa doctrine personnelle.

Étant donnés les genres, on peut prendre trois partis : Ou isoler absolument les uns des autres, ou les confondre tous, ou unir les uns, séparer les autres.

La première hypothèse est celle qui a été examinée dans la discussion qui précède. Les partisans de cette doctrine logent leur ennemi avec eux, car, se servant nécessairement de termes tels que : Être, le même, séparément, etc., ils unissent aux choses dont ils parlent d'autres choses qu'ils devraient exclure.

Dans la deuxième alternative, si tout est confondu, si le mouvement est identique au repos, la science disparaît.

Il reste donc que les genres soient comme les lettres de l'alphabet, qui tantôt peuvent se combiner les unes avec les autres, tantôt sont inconciliables. La science qui enseigne quelles lettres peuvent être unies est la grammaire; la science correspondante pour les genres est la dialectique. Nous voilà donc en possession de donner la définition du philosophe, mais Platon ajourne cette question à un autre ouvrage. Pour le moment, il s'agit de l'erreur; il faut poursuivre le sophiste : revenons à la théorie du non-être.

A côté des genres absolument contraires qui ne peuvent, en aucun cas, être unis, comme le mouvement et le repos, le même et l'autre, il en est qui, intrinsèquement différents les uns des autres, peuvent cependant être associés. Par exemple, le mouvement est distinct de l'être, du même, de l'autre : car ces termes, *être, même, autre*, peuvent se dire du repos aussi bien que du mouvement. En un sens pourtant, le mouvement est; il est le même que lui-même; il est autre que les autres choses. Ainsi encore le même et l'autre participent de l'être; pourtant ils sont différents de l'être; car si le même était identique à l'être, en disant que le mouvement et le repos sont, nous dirions qu'ils sont une même chose. Si l'autre était identique à l'être, certaines choses, par cela seul qu'elles sont, seraient autres, sans qu'il y eût un terme par rapport auquel elles seraient autres, ce qui est absurde.

En résumé, si on considère un genre quelconque, comme le mouvement, on peut dire qu'il est et qu'il n'est pas, qu'il est le même et qu'il n'est pas le même, qu'il est et qu'il n'est pas autre que l'autre : et il ne faut pas s'effaroucher de cette apparente contradiction, car ces propositions contradictoires sont prises en deux sens différents. Il y a donc du non-être dans le mouvement et dans tous les genres. « La nature de l'autre, répandue en tout, rendant chaque chose autre que l'être, en fait du non-être, tandis que dans un autre sens, en tant que tout participe de l'être, on peut dire que tout est être. »

En d'autres termes, « une négation ne signifie pas le contraire, mais seulement quelque chose de différent des noms qui la suivent, ou pour mieux dire, « des choses auxquelles s'appliquent les noms que la négation précède. » Entre l'être et le contraire absolu de l'être, qui est le néant, il y a un moyen terme qui est le non-être. Et le non-être est une chose réelle. Un genre particulier est en tant qu'il participe de l'être; en tant qu'il a une nature propre, il ne se confond pas avec l'être, il n'est pas. L'être et le non-être sont des aspects différents et corrélatifs d'une même réalité.

La raison dernière de cette diversité d'aspects, c'est la pluralité des genres. S'il n'y avait qu'un genre, l'être, non-seulement le néant, mais le non-être ne seraient pas.

Si on descend dans le détail, la même relation apparaît toujours, car l'idée de l'autre se divise en une multitude de parties, comme la science, qui est multiple, sans rien perdre de son unité. Ainsi entre le beau et le laid, se trouve le non-beau aussi réel que le beau : à côté du grand se trouve le non-grand, qui n'est pas le petit[1].

La réalité du non-être ainsi établie, une dernière question reste à résoudre pour expliquer l'erreur. Le non-être peut-il se mêler au discours qui est un des genres de l'être? Le sophiste, défendant son dernier refuge, essaiera peut-être de le nier, mais si on le force dans cette dernière retraite, il sera définitivement vaincu, car, si l'erreur existe, il peut y avoir des fantômes.

Le discours se compose de noms et de verbes, les uns désignant ceux qui agissent, les autres, l'action elle-même. Or, les mots n'expriment l'être et le non-être que s'ils sont associés : une série exclusive de verbes, ou une série de noms juxtaposés ne forment pas un discours. Dès lors, ce qu'on a démontré des choses est vrai des mots : de même

1. Cf. *Banq.*, 202, λ, *R. Polit.*, 181, λ.

qu'il y a des choses qui ne s'accordent pas entre elles, et
d'autres qui s'accordent, de même il y a des mots qui ne
s'accordent pas les uns avec les autres, et d'autres qui s'accordent. Tout discours est donc vrai ou faux. « Théétète est
assis. » Voilà une proposition vraie, parce qu'elle exprime
ce qui est. « Théétète vole. » Voilà une proposition fausse,
parce qu'elle exprime autre chose que ce qui est, c'est-à-dire
un non-être.

Maintenant le discours et la pensée (διανοία) sont une
seule et même chose : la pensée est le dialogue de l'âme
avec elle-même sans émission de voix. — Donc la pensée
discursive est sujette à l'erreur.

Ce qui constitue le discours, c'est l'affirmation et la négation. « Mais quand cette opération se fait en silence dans
l'âme par la pensée, n'est-ce pas opinion qu'il faut l'appeler [1] ? » — Donc l'opinion est sujette à l'erreur.

« Quand, au contraire, cet état de l'âme n'est pas l'ouvrage de la pensée, mais de la sensation, comment le qua-
lifier d'un autre nom que celui d'imagination? l'imagination
est un mélange de sensation et d'opinion. » — Donc l'imagination est sujette à l'erreur.

II. — Essayons maintenant de résumer et de traduire en
langage moderne la théorie contenue dans le *Théétète* et le
Sophiste.

Toute la théorie de Platon peut se résumer par cette formule très-simple : Il n'y a d'erreur que dans le jugement.
On ne se trompe pas en tant qu'on pense telle ou telle chose,
mais en tant qu'on conçoit une chose comme existant, ou
comme unie à une autre. L'erreur n'est pas dans les choses
unies, mais dans le lien.

Cette formule, tous les philosophes l'admettent, et sou-

1. *Théét.*, 190, A.

vent on la considère comme évidente d'elle-même. Aristote dit simplement : ψεῦδος ἐν συνθέσει ἀεί[1]. Pourquoi donc, chez Platon, tout cet appareil dialectique ? Pourquoi Platon prend-il tant de précautions et de détours, et, tout en affirmant cette théorie avec la plus grande fermeté, semble-t-il énoncer une chose extraordinaire et dont la hardiesse l'effraie ?

L'importance que Platon attache à cette question peut d'abord s'expliquer historiquement : il se met en opposition avec toute une école de dialecticiens subtils, celle de Parménide, continuée par les Mégariques[2]; et, en les attaquant, il semble que ce soit la logique même qu'il attaque. — En effet, pour ces philosophes épris de l'idée de l'être, et qui s'attachent à cette idée avec toute la rigueur de dialecticiens exercés, tout jugement est impossible, ou plutôt un seul jugement est possible : L'être est. — Si on pose ce principe, qui paraît incontestable, l'être est, on ne pourra dire d'aucune chose qu'elle est. Car, si cette chose est déterminée, si elle a un nom, si elle est un homme ou un arbre, par là même elle est autre chose que l'être; par suite, elle n'est pas. Si elle n'a pas de nature propre, le jugement revient à dire : L'être est, et voilà le seul jugement qui soit possible.

De même et *a fortiori*, on ne peut joindre par le mot *est* un sujet et un attribut. Si l'attribut diffère tant soit peu du sujet, les réunir en un jugement, c'est dire que le même est l'autre. S'il n'en diffère pas, c'est dire qu'une chose est elle-même, proposition stérile ou, comme on vient de le montrer, contradictoire, si le nom de la chose exprime autre chose que l'être.

Nous admettons généralement que juger, c'est apercevoir une ressemblance entre deux choses, d'ailleurs différentes.

---

1. *De anima*, III, 6.
2. V. P. JANET, *De la Dialectique dans Platon et dans Hégel*, II, 1 (Paris, Ladrange, 1860). — A. FOUILLÉE, *la Philos. de Platon*, liv. II, ch. II (Paris, Ladrange, 1869).

Les anciens philosophes niaient que deux choses différentes pussent être semblables. S'il y a des choses différentes, ou s'il y a plusieurs choses, on se contredit en les unissant; car, unies, elles cessent d'être plusieurs. Tout distinguer ou refuser toute distinction, voilà les deux alternatives entre lesquelles il faut choisir; mais tout distinguer, c'est renoncer à toute affirmation et à toute science. Nier toute distinction permet au moins une affirmation : L'être est; c'est le parti qu'il faut prendre.

Parménide connaît bien ces deux procédés si essentiels de l'esprit humain, l'analyse et la synthèse; mais il juge impossible de les concilier. L'analyse lui montre que les mots, qu'il ne distingue pas des idées, identiques elles-mêmes aux choses, sont radicalement différents : *homme* et *bon* ne sauraient être une même chose. Faire une synthèse et dire: *L'homme est bon*, ce serait méconnaître cette différence. D'autre part, si on ne fait pas de synthèse, on ne dit rien; il ne reste plus qu'à faire la seule synthèse qui ne suppose aucune analyse, ou qui se contente d'un minimum d'analyse, ce que nous appelons une synthèse analytique: l'être est. De là cette philosophie qui se borne à la contemplation de l'être absolu et considère comme une pure apparence toute réalité sensible.

Mais raisonner ainsi, c'est encore réduire la science à un minimum; c'est la nier, en tant qu'elle a pour objet le monde et qu'elle nous offre quelque intérêt. C'est ce que Platon a compris et ce qu'il veut éviter. Aussi il affirme en même temps la pluralité irréductible des essences ou des idées et la possibilité de les unir. C'est un point capital de sa doctrine de montrer que les choses, tout en restant multiples, s'unissent et qu'on peut penser une chose en même temps qu'une autre sans cesser de la penser. A vrai dire, il ne peut faire disparaître entièrement la contradiction, au moins apparente, contenue dans cette proposition, que le multiple est un, ou que le non-être est. Il ne lui reste qu'à montrer, au risque de se perdre dans les subtilités de la dialectique, les conséquences absurdes de la doctrine opposée, et finalement à constater cette apparente contradiction comme un fait qu'on n'explique pas[1].

Maintenant cette subtile dialectique de Platon n'a-t-elle qu'un intérêt de curiosité historique? Peut-être qu'en y regardant de près, on y trouverait une solution profonde d'un des problèmes qui, sous des formes diverses, ont toujours préoccupé et préoccupent encore les philosophes. La diversité des êtres n'est-elle qu'une apparence? et y a-t-il sous cette diversité une substance unique qui seule mérite le nom d'être? Au contraire, faut-il dire que cette diversité est essentielle et radicale, et l'unité des choses doit-elle être cherchée ailleurs que dans la réalité primitive de la substance? Pour ceux qui admettent la première alternative, il n'y a que deux partis à prendre : ou bien, comme Parménide, nier simplement la pluralité ou la diversité; ou, comme Spinoza et beaucoup de nos contemporains, considérer cette diversité comme n'étant qu'une forme, un moment de l'être unique; par exemple, les différentes phases de l'évolution ne seront que les expressions toujours identiques, malgré leur apparente variété, de l'unique substance. Alors toute individualité réelle, toute discontinuité disparaît. Par suite, pour la connaissance, tous les jugements sont, au fond, des jugements analytiques; l'attribut diffère du sujet seulement en apparence; en réalité, il lui est identique, il y est contenu. Le principe d'identité domine tout le système eds vérités et il n'y a qu'une vérité comme il n'y a qu'un être.

Il semble que Platon ait pris un parti tout différent. Les

1. *Soph.*, 259, B.

idées sont pour lui des essences irréductibles les unes aux autres : chacune est par elle-même ce qu'elle est, sans mélange[1] ; elles sont essentiellement distinctes. Pourtant elles peuvent s'unir, mais sans se confondre, sans perdre leur nature propre. Au point de vue de la connaissance, elles donnent lieu à ce que nous appelons aujourd'hui des jugements synthétiques. Uni au sujet, l'attribut en est intrinsèquement différent. Le but que Platon poursuit dans le *Sophiste*, c'est de revendiquer la place de la pluralité ou du non-être, et de les mettre au même rang que l'unité et l'être. C'est un effort analogue, semble-t-il, différent seulement par le caractère idéaliste de la doctrine, à celui de Démocrite lorsqu'il affirme la pluralité des atomes, éternels eux aussi et sans mélange.

L'unité existe, pourtant, et il s'en faut de beaucoup que Platon, comme Héraclite, la sacrifie à la pluralité. Mais il semble bien que ce soit l'unité d'une harmonie, d'un accord entre des substances radicalement distinctes. L'unité ou l'être n'est pas antérieure aux essences, puisqu'elles sont éternelles : elle est produite par elles plutôt qu'elle ne les produit. C'est sous l'influence de l'idée du Bien, par une action en dernière analyse esthétique ou morale, que l'unité du monde se réalise ; c'est cette idée qui, en un sens, donne la vérité aux choses[2], puisque c'est la participation à l'idée du Bien qui rend possibles les combinaisons des genres ; on peut dire que cette idée est la suprême réalité, mais ce n'est point une substance en qui s'absorbent tous les êtres particuliers ; elle est d'un autre ordre, supérieure à l'essence (ὑπὲρ οὐσίας)[3] et peut-être à la pensée même. Elle laisse subsister les choses en dehors d'elle, comme le soleil

---

1. *Tim.*, 52, A.

2. Ἀλήθεια καὶ νοῦν παρασχομένην. *Rep.*, VII, 517, C. — Cf. *Rep.*, VII, 506, E.

3. *Rep.*, liv. VI, 506, E.

ne se confond pas avec les êtres qu'il éclaire et vivifie. Ainsi l'unité reparaît au sein de la multiplicité. En dernière analyse, l'être est l'unité, non pas l'unité stérile et morte de Parménide, mais une unité vivante et féconde, une unité qui n'exclut pas les contraires, mais les domine, une unité qui est la véritable source de toute existence, et qui pourtant laisse se produire en dehors d'elle divers efforts pour arriver à l'existence [1].

Quoi qu'il en soit de cette explication, il est certain que, suivant Platon, les genres peuvent donner lieu à une multitude de combinaisons ; parmi ces combinaisons, les unes ne sont pas conformes à la dialectique, de même qu'il y a des phrases contraires à la grammaire : telles sont les erreurs. — Dès lors, l'erreur n'est pas simplement l'absence de la connaissance vraie, mais une chose positive, autre que la vérité. — En outre, nous pouvons nous tromper en tant que nous assemblons les idées, et non pas seulement en tant que nous faisons usage des sens ou de l'imagination ; c'est l'entendement lui-même qui est faillible.

D'un autre côté, l'âme possède le moyen de s'élever à la connaissance parfaite par la dialectique. Si donc elle n'atteint pas en toute chose la vérité, c'est faute de faire usage de sa puissance. — Positive en un sens, l'erreur est en un autre sens négative ; elle est une ignorance morale, si elle n'est pas une ignorance logique. — De même que, malgré l'existence du non-être, Platon a proclamé l'unité de l'être, de même, malgré le caractère positif de l'erreur, il considère l'esprit envisagé dans sa plus haute puissance, en tant qu'il participe à l'idée du Bien, comme infaillible.

Pourtant, cette profonde doctrine rencontre de graves difficultés. — L'erreur réside uniquement dans l'acte par

1. *Banq.*, 210, E.

lequel nous combinons plusieurs représentations. — Mais quelle est la nature de cet acte ? Il ne saurait être question, dans le système de Platon, de considérer l'acte de juger comme volontaire et libre, ainsi que l'a fait Descartes. Le jugement doit être, pour Platon, une opération purement intellectuelle ; juger c'est encore penser. Comment donc peut-on juger ce qui n'est pas, ou autre chose que ce qui est, la pensée étant toujours la mesure de l'être ?

On n'a pas la ressource de dire que le jugement faux est une connaissance incomplète, car Platon dit dans le *Sophiste* qu'on peut *mal* associer les genres. — D'ailleurs, il y a plusieurs degrés de la connaissance : la science, l'opinion vraie et l'opinion fausse [1]. Il n'est pas très-aisé de marquer en quoi l'opinion vraie diffère de la science : il semble toutefois que la science consiste à connaître toute la vérité, l'opinion vraie à n'en connaître qu'une partie, à avoir des notions vraies sans se rendre compte des raisons pour lesquelles elles sont vraies, et des liens qui les unissent à d'autres [2]. Si donc l'opinion fausse est distincte de l'opinion vraie, il est clair qu'elle est autre chose qu'une connaissance partielle. Enfin, nous l'avons vu, ce n'est pas seulement l'opinion, c'est la science qui est sujette à l'erreur.

Dès lors, il faut choisir entre deux alternatives : ou bien le jugement faux correspond à une liaison réelle des genres, et alors il n'y a plus d'erreur ; ou bien il faut renoncer à identifier la pensée et la réalité. L'intelligence ne sera plus, par rapport aux choses, comme un miroir, à moins qu'elle ne soit un miroir qui aurait la propriété de susciter de lui-même, en présence de certains objets, d'autres images. Comme cette divergence ne saurait avoir sa cause dans l'objet

---

1. *Gorg*, 454, D, E; *Soph.*, 263, D; *Rep.*, liv. VI, 508, D.
2. *Tim.*, 51, D, E; *Banq.*, 202, A, B; *Men.*, 98, A, B. — Voir P. JANET, *Ét. sur la Dialect. dans Platon et dans Hégel*, II, 3.

lui-même, il faut qu'elle dépende de l'âme. Or, ce ne serait pas expliquer la scission de la pensée et de l'objet que de rappeler les connaissances acquises antérieurement; car comment, de ce que ma pensée a connu certaines choses, s'ensuit-il que maintenant je ne puisse plus connaître celles qui s'offrent à moi? Les souvenirs peuvent être l'occasion ou la matière de l'erreur, ils n'en sont pas la cause. — Il ne reste donc qu'à reconnaître dans l'âme un principe de changement, de déviation, une spontanéité active, première forme de la liberté. L'erreur est une citadelle où s'est réfugiée la liberté, qui, plus puissante que le sophiste lui-même, ne saurait en être délogée.

Une telle conséquence est absolument contraire à l'esprit du platonisme. — Peut-être faut-il revenir à la première alternative. On concevrait alors que le jugement faux a lui-même un objet dans l'absolu; seulement cette manière d'être serait différente de l'être véritable : il y aurait des degrés dans l'être, et la chose représentée par le jugement faux aurait comme une demi-existence suffisante pour expliquer qu'il y ait une pensée, trop imparfaite pour que cette pensée soit vraie. — Telle est, par exemple, la différence entre ce qui est possible et ce qui est réel : le possible existe en un sens, et en un autre sens n'existe pas. Ainsi cette proposition *Théétète vole* exprimerait une possibilité, car il y a des êtres vivants qui volent, et peut-être des hommes ont-ils volé; pourtant Théétète ne vole pas.

Il resterait à expliquer la différence du possible et du réel. Apparemment il faudrait dire que la participation à l'idée du Bien trace la ligne de démarcation : s'il n'est pas vrai que Théétète vole, c'est que, tout compté et tout rabattu, il vaut mieux que Théétète ne vole pas. — S'il en était ainsi, l'erreur demeurerait distincte de la vérité, et le principe qu'on ne pense pas ce qui n'est pas serait sauf.

Cependant la distinction du possible et du réel serait

illusoire si elle dépendait uniquement d'une idée. L'idée du Bien est éternelle comme les genres et de même nature qu'eux ; il était donc éternellement impossible que ce qui n'a pas été réalisé fût réalisé. L'ignorance morale ne se distingue plus de l'ignorance logique. Dès lors, contrairement aux assertions précédentes, se tromper c'est ne pas savoir. Platon ne dit-il pas que le vice lui-même est une ignorance ?

En outre, on peut comprendre que la valeur esthétique ou morale d'une combinaison de genres soit ce qui décide une volonté à la réaliser : on ne saurait comprendre qu'à elle seule, abstraction faite de tout acte, elle soit la cause de cette réalisation. Si l'idée du Bien est une idée comme toutes les autres, quelque supériorité qu'on lui accorde, tant qu'elle reste du même ordre, il est impossible qu'en s'unissant aux autres elle en change la nature. Si elle en change la nature, si, pour parler comme Descartes, elle ajoute l'existence à l'essence, ce n'est plus en tant qu'idée pure qu'elle peut exercer une telle influence : il faut la considérer comme un être personnel et libre, ainsi que fera Leibniz.

En un mot, de deux choses l'une : ou bien avec Leibniz on admet que le possible est autre que le réel ; alors l'erreur peut être expliquée, mais à condition de faire intervenir un principe de liberté inconciliable avec le système de Platon ; ou bien on soutient que tout ce qui est possible est réel, alors l'erreur se confond avec l'ignorance, et c'est ce que Platon a refusé d'accorder.

Enfin, si l'erreur se réduit à une simple négation par rapport à celui qui connaît le Bien, il faut dire qu'à tout esprit suffisamment éclairé la connaissance du vrai doit s'imposer avec une force irrésistible ; l'erreur n'est qu'un accident passager, une ombre qui doit disparaître à l'approche de la lumière. — Pour un philosophe qui proclame qu'on ne peut connaître le bien sans le faire, la question de savoir si on peut penser le vrai sans le croire, n'a même pas besoin d'être posée. En fait, pourtant, la contradiction des systèmes, l'opposition des plus hautes intelligences sur les questions mêmes qu'elles ont le plus étudiées, semblent établir que la connaissance n'entraîne pas nécessairement l'adhésion.

En résumé, Platon a donné du problème de l'erreur une solution très-profonde et très-hardie. — Logiquement, l'erreur ne se confond pas avec l'ignorance ; elle est positive. Elle consiste non à ne pas penser *tout ce qui est*, mais à penser *autre chose* que ce qui est. — En outre, la sensation et l'imagination ne sont pas seules sujettes à l'erreur. S'il est impossible de se tromper en tant qu'on fait usage de la raison (νόησις), on s'égare souvent en faisant usage de l'entendement. Nous ne nous trompons pas *quoique* nous soyons doués d'entendement, mais quelquefois *parce que* nous sommes doués d'entendement.

Métaphysiquement, ce qui rend l'erreur possible, c'est la pluralité et la discontinuité des genres. Loin d'être les modes toujours identiques au fond d'une immuable réalité, les idées sont essentiellement diverses et peuvent former une multitude de combinaisons. — Si logiquement l'erreur est positive, c'est que métaphysiquement le non-être est.

Maintenant, pour distinguer entre cette pluralité de combinaisons, dont les unes sont fausses, les autres vraies, Platon a bien vu sans doute qu'il fallait faire intervenir un principe différent de l'essence ; de là la suprématie de l'élément esthétique ou moral, de l'idée du Bien. — Mais cette idée en dernière analyse est encore tout intellectuelle. Platon ne s'affranchit pas de la maxime que la pensée est la mesure de l'être, et par là son explication de l'erreur demeure insuffisante.

Pour la compléter, il eût fallu peut-être reconnaître que le principe de l'existence est hétérogène à l'intelligence, qu'il est la volonté. — Il est vrai, d'autre part, que cette chose hétérogène à la pensée n'existe pour nous que si elle est pensée. En tant qu'elle est hétérogène à la pensée, elle n'existe pas, si la pensée, comme l'admet Platon, est la mesure de l'être. En tant qu'elle est pensée, elle est. — Le non-être est ; telle eût été dans le langage intellectualiste de Platon la formule de cette doctrine, et comme il s'agit ici d'un non-être absolu, cette proposition est contradictoire dans ses termes. Platon ne pouvait l'admettre.

Peut-être, pour lever cette contradiction et rendre compte définitivement de l'erreur, faut-il avoir la hardiesse de renoncer à ce principe même que la pensée est la mesure de l'être.

CHAPITRE III.

Théorie de Descartes.

Personne, en un sens, n'a été moins intellectualiste que Descartes. — Seul avec Duns Scot, Descartes a osé soutenir que les vérités éternelles dépendaient de la volonté divine[1], et s'il est vrai qu'en Dieu la volonté ne précède pas l'entendement[2], *ne quidem ratione*, toujours est-il que le vrai, le bien lui-même auraient pu être autres qu'ils ne sont si tel eût été le vouloir de Dieu[3]. — Aux yeux de ce métaphysicien idéaliste, l'intelligible, loin d'expliquer le réel, est déterminé par une volonté indifférente; ce géomètre considère le monde et la vérité comme un fait contingent qu'on constate sans l'expliquer.

Cependant, si dans l'ordre de l'existence le réel est autre chose que l'intelligible, au point de vue de la connaissance, Descartes adopte expressément la maxime que la pensée est la mesure de l'être[4]. — On trouve la formule populaire de ce principe qui fut le postulat de toute l'ancienne métaphysique, dans cette règle si souvent répétée que tout ce que nous concevons clairement et distinctement est vrai[5].

Dès lors, la même difficulté qui a arrêté Platon et qui arrêtera Spinoza, se présente devant le philosophe. « L'expé-« rience lui fait connaître qu'il est sujet à une infinité d'er-

---

1. Lett. XLVII, p. 134, t. IV, édit. Garnier ; Lett. XLVIII, p. 147; Lett. LXXI, p. 303. — Voir aussi *De veritatibus æternis apud Cartesium*, par Em. BOUTROUX (Paris, Germer-Baillière, 1874). — F. BOUILLIER, *Hist. de la philos. cartésienne*, ch. IV. — Ch. SÉCRÉTAN, *Philos. de la liberté*.
2. Lett. XLV, p. 124; Lett. XLVIII, p. 148.
3. Rép. aux VI obj., 11.
4. Rép. aux Inst., 16.
5. Méth. IV, 3.

—reurs[1]. » — Si l'esprit n'est pas dupe d'un « malin génie », et Descartes renonce bientôt à ce « doute hyperbolique[2] », il faut expliquer comment la même intelligence peut tantôt apercevoir directement l'être, tantôt s'égarer et participer au néant.

Le problème est d'autant plus grave que pour Descartes la pensée, aussitôt qu'elle a pris possession d'elle-même, se rattache à Dieu en qui elle reconnaît son créateur et son auteur. Or, il est impossible qu'un Dieu parfait veuille la tromper. Il faut justifier Dieu de toute accusation à cet égard ; et Descartes doit entreprendre, à propos de l'erreur, la même tâche que Leibniz se donnera plus tard au sujet du mal.

Il s'y est appliqué de toutes ses forces. Il consacre à la question de l'erreur toute la IV⁰ méditation ; il reprend et développe sa théorie dans tous ses ouvrages, même dans ses lettres. — Malgré quelques critiques que nous nous permettrons de lui adresser, sa doctrine nous paraît la plus profonde et la plus satisfaisante de toutes celles qui ont été soutenues.

I. — Une première solution se présente d'abord. Ne peut-on dire que l'erreur est simplement l'absence de connaissance, une négation, c'est-à-dire une ignorance[3]? Je ne suis pas le souverain être ; il est naturel qu'il me manque quelque chose[3].

Mais l'erreur n'est pas simplement l'absence d'une perfection, elle est une imperfection ; elle est plus qu'une négation, elle est « la privation d'une connaissance qu'il semble « que je devrais avoir[4] ? » — Descartes ne dit pas que l'er-

1. Méd. IV, 3.
2. Princ. I, 30.
3. Méd. IV, 3.
4. Méd. IV, 4.

reur soit une chose positive ; il voit pourtant en elle une sorte de réalité actuelle ; il finira par reconnaître qu'elle contient quelque chose de positif. — Comment expliquer ce défaut dans l'œuvre de Dieu ?

On pourrait bien dire que les fins de Dieu sont impénétrables[1], et que ce qui est une imperfection dans une créature isolée serait peut-être très-parfait si on considérait l'ensemble du monde[2]. Mais ces explications ne sont pas suffisantes. Pour résoudre le problème, Descartes distingue l'entendement et la volonté.

L'entendement est purement passif[3] : il conçoit seulement les idées sans négation ni affirmation[4]. « Pourvu qu'on « prenne le mot erreur dans sa propre signification », c'est-à-dire comme enveloppant l'idée de croyance ou d'affirmation, l'entendement ne saurait être sujet à l'erreur[5]. — De plus, l'entendement est borné ; il y a peut-être une infinité de choses dans le monde dont il n'a aucune idée, et parmi les idées qu'il a, plusieurs ne sont pas claires et distinctes[6].

La volonté consiste en ce que nous pouvons poursuivre ou fuir, affirmer ou nier une même chose ; c'est elle qui juge[7]. — Elle est libre, l'expérience nous l'atteste[8]. — Elle est infinie, en nous comme en Dieu, car on ne saurait la limiter sans la détruire[9].

Mais si la volonté de l'homme ressemble à celle de Dieu par son infinité, elle en diffère à un autre point de vue. La volonté divine est absolument indifférente[10], puisqu'elle

---

1. Méd. IV, 5.
2. Méd. IV, 6.
3. Passions, I, art. XLI ; Lett. XLVIII, p. 143.
4. Méd. III, 8.
5. Méd. IV, 6.
6. Méd. IV, 7.
7. Méd. IV, 7 ; Pr. I, 34 ; Lett. XXXVIII, p. 91.
8. Princ. I, 39-41 ; Rép. aux III obj., 64.
9. Méd. IV, 13 ; Pr. I, 35.
10. Rép. aux VI obj., 11.

se donne à elle-même son objet, c'est-à-dire la vérité, par une détermination spontanée, puisque rien n'existe qui lui soit antérieur. — Mais la volonté humaine trouve la vérité et le bien actuellement déterminés par la volonté divine, et comme d'elle-même elle va naturellement au bien ou au vrai, elle ne saurait être indifférente. Ne pouvant créer elle-même le vrai et le faux, il ne lui reste qu'à le reconnaître, à le créer en quelque sorte pour elle-même par l'approbation qu'elle lui donne. Elle l'affirmera, s'il est connu. Elle n'est pas indifférente par elle-même, car elle trouve dans sa nature et dans l'ordre du monde un motif constant de préférer le vrai au faux.

Il est vrai que le mot indifférence pourrait avoir un autre sens et désigner non pas l'absence de tout motif, mais la faculté positive que l'âme possède de choisir indifféremment entre deux contraires, et de préférer à celui qu'elle sait être le meilleur ou le plus vrai, celui qu'elle sait être le moins bon ou le moins vrai. — Cette puissance de choisir, Descartes ne la refuse pas à la volonté ; elle se trouve mêlée dans toutes ses actions : « Il nous est toujours libre de nous empêcher de poursuivre un bien qui nous est clairement connu ou d'admettre une vérité évidente[1]. »

Mais encore faut-il pour que cette indifférence au second sens du mot, cette indifférence positive, se manifeste, qu'elle ait un motif ; nous préférerons le faux au vrai, « pourvu que nous pensions que c'est un bien de témoigner par là la liberté de notre franc arbitre. » La volonté est indifférente sans être arbitraire. Elle n'est indifférente au second sens du mot qu'à condition de ne pas l'être au premier.

Bien plus, elle est d'autant plus indifférente au sens positif, qu'elle l'est moins au sens négatif. La grandeur de la liberté consiste, si elle affirme une chose vraie, dans la faci-

1. Lett. XLVI. p. 136.

lité avec laquelle elle se porte naturellement vers ce qui est clair; si elle la nie, dans l'effort qu'elle est obligée d'accomplir pour résister à cette clarté [1]. Dans les deux cas, elle a un motif pour agir : elle n'est pas indifférente, si on entend par indifférence cet état de la volonté « qui n'est point porté par la connaissance de ce qui est vrai ou de ce qui est bon à suivre un parti plutôt que l'autre ». — Cette sorte d'indifférence n'est que le plus bas degré de la liberté [2].

Si donc l'entendement éclairé connaît la vérité, il est idéalement possible, « moralement impossible [3] », que la volonté la nie. Mais si l'entendement ne connaît pas ou ne connaît qu'imparfaitement la vérité [4], la volonté subsiste, infinie et indifférente dans les deux sens, c'est-à-dire capable de se déterminer et n'ayant pas de raisons pour le faire.

Elle porte des jugements, vrais ou faux. S'ils sont faux, quoiqu'ils résultent d'un acte positif de la volonté indifférente, on pourra dire que la forme de l'erreur est une privation [5], car la volonté ne se serait pas attachée à ce jugement si l'entendement eût été éclairé. Envisagée dans l'acte qui la constitue, l'erreur apparaît d'un côté comme positive, en tant qu'elle est l'acte libre d'une volonté ; de l'autre côté comme privation, en tant qu'elle est l'acte d'une volonté incomplétement éclairée. — Descartes, sans négliger le premier point de vue, s'attache de préférence au second. *Omnis peccans est ignorans* [6]. »

L'erreur résulte ainsi de la disproportion qui existe entre l'entendement et la volonté. Elle vient de ce que, ayant une intelligence bornée, nous sommes doués d'une volonté « beaucoup plus ample ». Même, à vrai dire, ce n'est pas en

1. Lett. XLVII. p. 137.
2. Méth. III. 5 ; Méd. IV, 10.
3. Lett. XLVII, p. 136.
4. Méd. IV. 12.
5. Méd. IV, 12.
6. Lett. XLV, p. 126 ; Lett. XLVII, p. 115.

tant qu'êtres intelligents, ce n'est même pas en tant que
doués de volonté que nous nous trompons, c'est en tant
qu'à un moment donné « nous faisons un mauvais usage de
notre libre arbitre[1] ».

Or, on ne peut reprocher à Dieu de nous avoir donné
un entendement borné ; rien ne l'obligeait à nous créer
parfaits[2].

On ne peut lui reprocher non plus de nous avoir donné
une liberté infinie, car la liberté en elle-même est un bien,
et il fallait la donner tout entière ou la refuser absolument.

Lui reprochera-t-on de concourir aux actes particuliers
de cette volonté ? Mais Dieu n'y concourt pas : il nous a
donné la faculté d'agir, mais il n'agit pas pour nous ; c'est
nous qui agissons et qui donnons notre adhésion à la légère.
Que nous soyons capables de décider sans bonnes raisons,
c'est sans doute une imperfection pour nous ; « la privation
s'y rencontre en tant qu'elle procède de moi[3]. » Mais au regard de Dieu, c'est une simple négation[4], car Dieu ne nous
force pas à agir ainsi. Il nous a créés faillibles, il ne nous
aide pas à nous tromper.

Toute difficulté a-t-elle disparu ? Descartes ne le pense
pas. Il reste toujours vrai que Dieu aurait pu, soit ne donner
à notre entendement que des idées claires et distinctes, soit
graver profondément dans notre mémoire la résolution de
ne jamais juger d'aucune chose sans la concevoir clairement
et distinctement[5]. Il reste donc dans le monde une imperfection positive, et il faut revenir à la considération de l'ensemble de l'univers. Descartes, qu'on s'étonne de trouver
ici d'accord avec Spinoza, déclare que le mal étant possible,

1. Méd. IV, 11.
2. Méd. IV, 12.
3. Méd. IV, 12; Pr. 1, 38.
4. Méd. IV, 14; Pr. 1, 31.
5. Méd. IV, 15.

devait être réalisé; le monde, parce qu'il contient le mal, lui paraît plus parfait que s'il ne le contenait pas.

Quoi qu'il en soit, si Dieu ne nous a pas donné le moyen d'éviter l'erreur par une connaissance distincte, Descartes se console en pensant que nous pouvons du moins retenir notre jugement jusqu'à ce que la vérité nous soit clairement connue[1]. L'erreur est un simple accident, elle est notre œuvre. Nous ne naissons pas infaillibles, mais nous pouvons nous rendre infaillibles.

En résumé, Descartes, avec Spinoza et contre Platon, estime que l'erreur par rapport à la pensée est une simple négation et ne diffère pas de l'ignorance. Avec Platon et contre Spinoza, qui le lui reprochera souvent, il regarde l'erreur comme contenant quelque chose de positif. Seulement il se sépare de Platon en attribuant, non à l'intelligence, mais à la volonté, ce qu'il y a de positif dans l'erreur.

II. — On a souvent reproché à Descartes sa théorie du jugement, et Gassendi a exposé cette objection avec force[2]. Nous ne sommes pas libres, dit-on, de ne pas affirmer ce que nous pensons, ou d'affirmer autre chose que ce que nous pensons. — Ceux qui ont adressé cette critique à Descartes ne se sont pas mis en peine de nous dire quelle théorie de l'erreur ils auraient substituée à celle qu'ils combattaient, et dont il ne reste rien si on conteste le caractère volontaire de l'affirmation[3]. Mais, quoi qu'il puisse advenir de la théorie de l'erreur, ce reproche, considéré en lui-même, ne nous paraît pas fondé.

D'abord, on pose mal la question, ce semble, lorsqu'on considère un jugement quelconque, une fois qu'il est formé

1. Méd. IV, 16.
2. *Dubitatio tertia, Instant.* I, II, III, IV.
3. L'essai d'explication tenté par Gassendi (*Dubit.* III. *Inst.* VIII) ne touche à aucune des difficultés que Descartes avait essayé de résoudre.

et que nous nous sommes prononcés sur la synthèse mentale qu'il renferme. Descartes ne prétend pas qu'au moment où nous voyons qu'un corps se meut à la distance d'un mille, nous puissions tout à coup et sans motif juger le contraire; il ne s'agit pas d'une volonté arbitraire et capricieuse qui se déjuge au moment même où elle s'exerce. Descartes lui refuse cette indifférence. La question est de savoir si l'acte même du jugement est volontaire. Pour savoir si la volonté possède la puissance positive de se déterminer, il faut, Descartes le dit expressément, la considérer *avant* que son action soit exercée[1]. Quand l'affirmation a eu lieu, la volonté s'est comme épuisée dans son acte ; nous ne sommes plus libres parce que nous l'avons été. « Ce qui se fait ne peut pas ne « pas se faire dans le temps même qu'il se fait. »

Or, si on considère non plus un jugement tenu actuellement pour vrai, mais seulement une synthèse d'idées nouvelles sur lesquelles nous ne nous soyons pas encore prononcés, il est vrai que nous avons à choisir entre l'affirmation et la négation.

Dira-t-on que, même en posant ainsi la question, il y a des idées si claires et si évidentes qu'elles emportent l'adhésion sans nous laisser aucune liberté, par exemple les vérités mathématiques? D'où vient alors que les sceptiques les aient contestées? Descartes lui-même ne cherchait-il pas dans la véracité divine la garantie de ces vérités? On peut accorder que ces vérités sont nécessaires en ce sens qu'il nous est impossible de concevoir le contraire, si nous voulons faire usage de notre faculté de penser; et tant que nous en faisons usage, ces idées s'imposent à nous ; le sceptique qui les révoque en doute renonce à rien mettre à leur place. Mais il ne s'agit pas de ce qui se passe dans le sujet, il s'agit de ce qu'il doit reconnaître hors de lui, après même qu'il a cessé

1. Lett. XLVII. p. 135.

de penser. Or, la contrainte qui s'exerce sur l'intelligence ne dépasse pas l'intellection actuelle; elle ne va pas jusqu'à entraîner de vive force l'affirmation. Nous pouvons la refuser, et quand nous l'accordons, si facile et si spontanée que puisse être notre adhésion, elle est toujours un acte distinct de la simple représentation.

Il est nécessaire ici de prévenir une équivoque sur le sens du mot affirmation ou croyance. Il sera vrai de dire que la croyance ne se distingue pas de l'idée si on considère seulement l'idée au moment où elle est pensée, en tant que phénomène de conscience, et sans la distinguer de la chose ou réalité. — En fait, il est naturel à l'homme de ne faire d'abord aucune distinction entre la pensée et la chose pensée. Pour l'enfant, pour l'homme primitif, pour l'animal sans doute, pour nous-mêmes, dans nos rêves, il n'y a rien de plus que la représentation qui occupe actuellement la conscience ; elle est à la fois l'idée, la croyance et la chose. La division du travail ne s'est pas encore introduite dans les fonctions mentales ; elle n'apparaît que plus tard, lorsque l'expérience, la découverte de l'erreur, les contradictions des sens, suivant une parole profonde de Platon, ont éveillé la réflexion. Mais s'il est vrai de dire qu'à ce degré la croyance ne se sépare pas de l'idée, il est encore bien plus vrai de dire qu'il n'y a pas de croyance ; précisément parce que la croyance n'est autre chose que l'idée, il n'y a pas lieu de lui donner un nom particulier. Au reste, les Cartésiens auraient beau jeu pour soutenir que même alors elle est œuvre de volonté ; car la volonté, elle aussi, est encore confondue avec l'entendement. — A proprement parler, le mot croyance ne peut avoir toute sa signification que s'il désigne l'acte d'une conscience réfléchie qui se distingue de son objet. Pour croire, il faut avoir éprouvé des mécomptes, il faut avoir douté, il faut savoir qu'on est un sujet capable de voir les choses autrement qu'elles ne sont. Bien différente de la croyance naïve de l'homme primitif, la croyance de l'homme réfléchi voit le péril et se flatte de l'éviter. C'est ce que Descartes voulait dire lorsqu'il parlait de ce malin génie toujours prêt à le tromper et dont il redoutait les entreprises ; seulement le malin génie n'est pas hors de nous, il est en nous. Au lieu de se laisser aller, l'homme réfléchi résiste et hésite ; la réflexion, c'est la défiance. S'il est dupe, ce sera de lui-même, et c'est par un verbe réfléchi qu'il exprimera l'action de se tromper. Tandis qu'auparavant toutes les notions étaient facilement accueillies et pénétraient sans peine dans la place, elles subissent maintenant une sorte de stage : on ne les laissera entrer qu'à bon escient. — Ne voit-on pas dans ce travail l'œuvre d'une volonté qui s'affranchit, qui se réveille de l'enchantement qu'elle avait subi jusque-là ? et lorsque spontanément elle donnera accueil aux idées qu'elle avait d'abord écartées, pourra-t-on confondre son action avec l'état purement passif qui est la simple intellection ?

A la vérité, pour que cette volonté s'exerce, il faut qu'il y ait une raison : on ne doute pas lorsque l'âme est tout entière absorbée par une seule idée. Spinoza n'avait pas tort de distinguer l'absence de tout doute et la certitude. Mais aussitôt qu'elle est rendue à elle-même, qu'elle réfléchit, le souvenir des erreurs passées lui est une raison permanente de douter. D'autre part, si, ayant toujours cette raison de douter, on doute réellement à certains moments, ce n'est pas l'idée seule qui explique le doute ; on ne peut expliquer le travail qui s'accomplit par une simple rencontre, par un jeu de représentations. Une fonction distincte de l'intellection s'exerce sur ces représentations ; c'est la volonté qui les suscite, et comme elle provoque le doute, c'est elle qui, dans l'acte de croyance, triomphe des hésitations qui l'arrêtaient.

Bien loin de reprocher à Descartes la part qu'il a faite à la volonté dans sa théorie du jugement, on pourrait lui reprocher de ne l'avoir pas faite assez grande. — S'il admet que la volonté peut affirmer une chose fausse, c'est seulement, suivant lui, lorsque l'entendement est incomplétement éclairé. Si la vérité est clairement et distinctement conçue, « d'une grande lumière dans l'entendement suit une grande « propension dans la volonté [1] ». La volonté est enchaînée librement, mais elle est enchaînée. — Le principe sur lequel repose cette thèse est incontestable : c'est que la volonté tend toujours au bien ; aucun de nous ne veut jamais son mal. Si donc le bien ou le vrai est clairement aperçu, nous nous y porterons naturellement. — C'est le même argument par lequel Socrate et Platon démontraient qu'on fait toujours le bien quand on le connaît [2].

Mais il y a ici une confusion, l'éternelle confusion commise par tous les métaphysiciens qui, admettant, à quelque degré que ce soit, l'identité de l'être et de la pensée, absorbent le sujet dans l'objet. — De ce qu'une chose pensée est vraie et qu'elle est connue, Descartes conclut qu'elle doit être connue comme vraie ; il ne voit pas que *connaître comme vrai*, c'est déjà croire, et que cette connaissance par laquelle il se flatte d'expliquer la croyance, la suppose. Il ne prouve pas qu'on ne puisse avoir dans l'esprit une idée claire et distincte sans la croire vraie. A l'expression *idée claire et distincte*, il substitue témérairement le mot *évidente*. Mais connaître évidemment est autre chose que connaître distinctement ; connaître évidemment, c'est s'avouer à soi-même l'évidence, c'est croire. La clarté et la distinction sont des qualités logiques, l'évidence est un fait psychologique. Être et paraître sont deux choses distinctes ; pour qu'une chose qui est, paraisse être, il faut, même quand elle est pensée, qu'un élément s'ajoute à la connaissance ; et cet élément, ni la connaissance, ni la réalité ne suffisent à l'expliquer ; il est

1. Lett. XLVIII, p. 145.
2. FOUILLÉE, *Philos. de Socrate*, L. II, ch. II.

d'un autre ordre. — De même au point de vue moral, le bien peut être connu sans être reconnu comme bon. Socrate a raison de dire que l'on veut nécessairement ce que l'on *sait* être le bien, mais savoir, dans sa doctrine, c'est croire et par conséquent déjà vouloir.

Il faut, ce semble, avoir le courage d'aller jusqu'au bout de cette révolution que Kant avait conscience de commencer lorsqu'il se comparait à Copernic[1]. Dans ses rapports avec les choses, l'esprit n'est pas un miroir qui reflète le monde ; il ne subit pas les lois des choses, il leur donne les siennes. De même dans la sphère de la représentation, ce n'est pas l'idée qui détermine l'acte volontaire ; celui-ci se fait de lui-même, il est vraiment un premier commencement. Il peut être suscité, appelé par l'idée ; mais l'idée n'en est pas la cause, elle n'en est que l'occasion. S'il faut à la volonté une idée comme matière, la volonté peut s'attacher aux idées incomplètes aussi bien qu'aux idées vraies.

Descartes n'est peut-être pas aussi éloigné de ce point de vue qu'il le semble au premier abord. Comme en Dieu c'est la volonté qui détermine la vérité, en l'homme c'est la volonté qui va au-devant de la vérité. La vérité ne se découvre qu'à celui qui la poursuit ; ce n'est pas parce qu'on la trouve, c'est parce qu'on la cherche qu'on la connaît, et il y a du mérite à la connaître, car, « l'homme pouvant « n'avoir pas toujours une parfaite attention aux choses « qu'il doit faire, c'est une bonne action que de l'avoir et « de faire par son moyen que notre volonté suive si fort la « lumière de notre entendement qu'elle ne soit pas du tout « indifférente[2]. »

Une conséquence rigoureuse de cette doctrine, c'est que l'erreur n'est pas une privation au sens où l'entendait

---

1. KANT, *Crit. de la raison pure*, préf. de la 2e édit.; rad. Barni, t. I, p. 21.

2. Lett. XLVIII, p. 146 ; Princ. 1, 37.

Descartes. Il n'est pas nécessaire d'ignorer ce qui est vrai pour donner à l'erreur une adhésion pleine et entière, et si on peut dire qu'en fin de compte il y a toujours dans l'erreur une privation, puisqu'elle suppose un mauvais usage de la volonté, il faut remarquer qu'il s'agit ici d'une privation, non d'intelligibilité, mais de volonté.

Il reste à savoir si, même au point de vue de l'intelligence, l'erreur est une négation. Par la façon dont il définit l'erreur, Descartes s'est dérobé à la difficulté de dire en quoi consiste la synthèse mentale qui est la matière de l'assertion fausse. Il n'y a pas d'erreur, suivant lui, tant qu'on n'affirme rien ; l'erreur n'est pas dans l'intelligence. Une idée est toujours vraie en ce sens qu'elle est présente à la pensée ; elle ne devient fausse que par l'affirmation. — A prendre les termes dans toute leur rigueur, la thèse de Descartes est incontestable : nous ne nous trompons qu'en affirmant. Il est certain pourtant que ce n'est pas l'affirmation qui rend fausse en elle-même la chose affirmée. Vraie en ce sens qu'elle est pensée, elle peut être déjà fausse en ce sens qu'elle n'est pas conforme à la réalité. — Comment l'esprit, abstraction faite de l'adhésion que la volonté donne ou refuse, peut-il penser autre chose que ce qui est ? — Voilà la question que Descartes a négligée.

Cependant l'ensemble de la doctrine de Descartes ne permet d'avoir aucun doute sur la réponse qu'il eût faite. — L'erreur, dit-il à plusieurs reprises, est, par rapport à l'entendement, une simple négation. Sa doctrine ne saurait sur ce point différer de celle de Spinoza. L'esprit peut bien ne pas penser tout ce qui est, il ne saurait penser ce qui n'est pas. Toutes les fois qu'une chose est représentée par l'entendement, elle est vraie non-seulement en ce sens qu'elle est pensée, mais en ce sens qu'elle est conforme à une chose réelle. La clarté et la distinction sont les sûrs garants de la vérité d'une idée ; le faux ne saurait être représenté sous l'apparence du vrai[1].

Cependant les plus habiles et les plus pénétrants de ses adversaires, Hobbes, Gassendi et ce personnage inconnu, d'un esprit si subtil et si précis, Hyperaspites, ne manquent pas de remarquer que certaines idées fausses se présentent à nous avec une clarté et une distinction qui devraient les faire considérer comme vraies.

« Cette façon de parler, *une grande clarté dans l'enten-* « *dement*, dit Hobbes, est métaphorique, et, partant, n'est pas « propre à entrer dans un argument ; or, celui qui n'a « aucun doute prétend avoir une semblable clarté... Cette « clarté peut donc être la cause pourquoi quelqu'un aura « ou défendra avec opiniâtreté quelque opinion, mais elle « ne saurait lui faire connaître avec certitude qu'elle est « vraie[2]. » Hyperaspites écrit à son tour : « Vous dites que « le faux n'est pas appréhendé par l'entendement sous « l'apparence du vrai ; n'est-il donc pas faux de dire que « nous n'ayons pas en nous l'idée de Dieu ? Et toutefois nos « géomètres appréhendent, croient et tiennent pour vrai que « nous n'avons pas en nous cette idée ; n'appréhendent-ils « donc point le faux sous l'apparence du vrai, contre ce que « vous dites[3] ? »

A toutes ces objections, Descartes ne peut faire qu'une seule réponse, la même que Spinoza opposera à des objections semblables : il nie simplement que ceux qui se trompent aient des idées distinctes. « Ceux qui nient que nous « ayons en nous l'idée de Dieu, écrit-il à Hyperaspites, n'ap-« préhendent ou n'aperçoivent pas cela, quoique peut-être « ils l'assurent, qu'ils le croient et qu'ils le soutiennent[4]. »

1. Rép. aux V obj., 50 ; Lett. LXII, p. 274.
2. III, obj. 13, 66.
3. Lett. LXI, p. 248.
4. Lett. LXII, p. 274 ; Cf. Rép. aux II obj., 33 ; Rép. aux V obj., 49 ; Rép. aux III obj., 13, 65.

Qu'il soit interdit à un philosophe de découvrir chez ses adversaires des propositions inconcevables, et que par conséquent ils n'ont pu réellement concevoir, c'est ce que nous ne voudrions pas soutenir. Cependant, quand on a déclaré que « la pensée d'un chacun, c'est-à-dire la perception « ou connaissance qu'il a d'une chose, doit être pour lui « la règle de la vérité de cette chose[1] », il y a quelque difficulté à s'immiscer pour ainsi dire dans la pensée d'autrui et à discerner les choses que d'autres connaissent de celles qu'ils ne connaissent pas. — Descartes ne récuse-t-il pas ici le témoignage qu'il a lui-même invoqué ?

En supposant même que Descartes eût raison dans tous les exemples invoqués par ses adversaires, en accordant que souvent ceux qui se flattent d'avoir des idées claires et distinctes ne les ont pas réellement, ce serait une question de savoir s'il est absolument impossible d'avoir des idées claires et distinctes qui ne soient pas vraies. — Dans ses théories mécaniques et physiques, Descartes a commis un grand nombre d'erreurs. Faut-il dire que par défaut d'attention ou par légèreté il a considéré comme claires et distinctes tant d'idées qui ne l'étaient pas ? Cette réponse ne serait pas sérieuse à propos d'un homme tel que Descartes. — On n'exagère pas, on ne tombe pas dans le sophisme d'autorité si on dit que ces idées étaient réellement claires et distinctes, puisqu'elles ont paru telles à Descartes; et pourtant elles étaient fausses.

C'est qu'il faut en venir à une conception de la vérité tout autre que celle de Descartes. La clarté et la distinction des idées, qualités purement logiques, sont des garanties de la possibilité, mais non de la réalité des choses pensées. Il y a une autre vérité que la vérité mathématique ou logique : et c'est l'erreur capitale de Descartes et de son école

[1]. Rép. aux Instances, 10.

de n'avoir point reconnu cette distinction. Une chose peut être vraie, au sens cartésien du mot vérité, sans être réelle. — Descartes lui-même distingue parfois l'essence et l'existence, et il déclare que l'essence divine est la seule qui enveloppe l'existence. Mais une fois qu'il a fait intervenir la véracité divine, il ne tient plus compte de cette distinction, et c'est d'après les essences, c'est-à-dire d'après les définitions logiques, qu'il juge des existences. — Or, c'est par l'expérience seule, en tenant compte de ce qui est *donné*, que la réalité peut être connue. Descartes est bien près d'en convenir dans un passage remarquable du *Discours de la Méthode*[1], où il avoue qu'il doit recourir aux expériences pour choisir entre les diverses possibilités que la raison conçoit, mais il ne s'arrête pas à cette vue si profonde et si vraie.

On peut accorder à Descartes qu'un grand nombre d'erreurs, le plus grand nombre peut-être, viennent de ce que nous n'avons pas assez réfléchi et ne sont que des négations. On ne saurait lui accorder qu'elles soient toutes des erreurs logiques. Il arrive qu'on se trompe même en ayant des idées claires et distinctes, et même au regard de l'intelligence, l'erreur est une chose positive.

D'ailleurs, si l'entendement pèche seulement par défaut, si par lui-même il ne connaît que la vérité, comment comprendre que la volonté puisse s'attacher à ce qui n'est pas, puisque, selon Descartes, la volonté ne saurait s'exercer si l'entendement ne lui représente quelque chose ? Si l'affirmation est fausse, et si on n'affirme que ce qui est représenté, il faut bien que l'entendement représente le faux. C'est encore une objection que Gassendi et Hyperaspites n'ont pas manqué d'opposer à Descartes[2].

La théorie cartésienne de l'erreur n'offre aucune difficulté

1. VI, 3.
2. V. obj. 74; Lett. LXII, p. 24.

si on admet que l'entendement puisse penser des choses qui ne sont pas, ou autres que celles qui sont; la volonté alors, par un libre choix, pose comme vraies des conceptions qui ne sont que l'œuvre de l'esprit. Mais la difficulté semble insurmontable si l'esprit est proclamé infaillible en lui-même. — La réponse de Descartes ne fait que reconnaître la difficulté sans la résoudre et ressemble plutôt à un aveu d'impuissance qu'à une explication : « Encore qu'il soit vrai « que nous ne voulons jamais rien dont nous ne concevions « *en quelque façon quelque chose,* comme j'ai déjà ci-devant « accordé[1], toutefois l'*expérience* nous montre assez que nous « pouvons vouloir d'une même chose beaucoup plus que « nous n'en pouvons connaître[2]. »

Il faut donc maintenir contre Descartes l'objection que Gassendi lui adressait et qu'il a laissée sans réponse : « Dans « un boiteux, le mal n'est pas que la marche soit lente en « comparaison de la course du cerf, mais que le pas soit « chancelant; dans l'enfant qui a froid, le mal n'est pas que « le vêtement soit plus petit que celui de l'homme, mais que « l'habit soit déchiré. — Vous admettez que la méchanceté « est positive; pouvez-vous dire que l'erreur ne le soit « pas[3]? » — Il est vrai que, suivant Gassendi, le jugement est l'œuvre non de la volonté, mais de l'entendement[4]; cependant on peut, sans se rallier à son opinion sur ce point, reprendre son objection. — Le jugement faux n'est pas incomplètement vrai; il n'est pas une *partie* de la vérité : il est *autre* que la vérité.

Au reste, à y regarder de près, Descartes avoue qu'il n'a pas résolu le problème tel qu'il l'avait posé. Il a accordé que l'erreur — au moins par rapport à celui qui se trompe

1. Rép. aux V obj., 49.
2. Lett. LXII, p. 274.
3. Ad IV Méd. *Dubit.* II, Instant.
4. Ad IV Méd. *Dubit.* III, Inst. I, II.

— contient quelque chose de positif. Il falloit l'intrépidité de Spinoza pour le nier. — Une fois cette concession faite, il faut renoncer à soutenir que le monde est parfait. N'est-ce pas renoncer à cette théorie que de déclarer que le monde, pour être parfait, devait contenir quelque imperfection ? — Ici encore Gassendi devait montrer le point faible du système : « Est-ce une perfection plus grande en une république de « ce que quelques-uns de ses citoyens sont méchants, que « si tous étaient bons [1] ? » Répondre comme le fait Descartes, en demandant si on voudrait que « le corps humain fût cou-« vert d'yeux, afin qu'il parût plus beau [2], » c'est refuser de voir la difficulté ; car il ne s'agit pas de savoir si on aurait pu donner au monde des ornements superflus, mais s'il eût été possible de faire disparaître une imperfection positive. « Il ne « viendra pas à l'esprit d'un homme, disait encore Gassendi, « de désirer un corps semblable à la tête d'Argus, mais il « n'est personne qui ne souhaite d'être à l'abri de l'erreur [3]. »

Peut-être, après tout, Descartes n'était-il pas persuadé que le monde fût actuellement parfait. Ce sont des considérations théologiques qui l'ont décidé à soutenir cette thèse [4]. « J'ai tâché, dit-il, d'éclaircir la difficulté proposée touchant « la cause des erreurs, en supposant que Dieu ait créé le « monde très-parfait, pour ce que, supposant le contraire, « cette difficulté cesse entièrement [5]. » Il resterait à savoir si, pour que cette difficulté cesse entièrement, il ne faut pas faire plus de concessions que ne voulait Descartes, et renoncer à sa méthode préférée.

Si on renonce à concevoir le monde comme parfait, il reste encore possible, à coup sûr, de le concevoir comme

1. V. obj. 65.
2. Rép. aux V obj. 47.
3. GASSENDI, Ad IV Médit. *Dubit.* II, *Instantia*, p. 314, éd. de Florence
4. Lett. XLV, p. 126.
5. Lett. XLVIII, p. 143.

nécessaire et continu, ainsi que l'entendait Spinoza. Descartes incline peut-être de ce côté quand il dit que le monde
est « ce qu'il devait être[1] ». — Mais l'abandon de la perfection peut aussi préparer l'abandon de la nécessité et de la
continuité ; on trouve chez Descartes des tendances mar-
quées dans cette direction.

Si dans le monde tout s'enchaîne actuellement d'après
des lois nécessaires, il ne faut pas oublier que pour Descartes le monde est essentiellement contingent dans son
origine, puisque les vérités éternelles elles-mêmes dérivent
d'un acte libre de la volonté divine.

Bien plus, d'après la théorie de la création continuée, la
durée du monde est contingente ; loin d'exister nécessairement, le monde est, pour ainsi dire, à chaque instant remis
en question, et il retomberait dans le néant s'il n'était sans
cesse soutenu et créé à nouveau par la puissance divine.

De plus, malgré ce terme de création continuée, ce n'est
pas par une action unique et continue que Dieu conserve le
monde ; car, Descartes le répète souvent[2], les divers moments du temps sont indépendants les uns des autres. L'action divine doit donc se renouveler à chaque instant ; elle
est discontinue, comme le temps lui-même ; en d'autres
termes, il n'y a de continuité, comme il n'y a de nécessité,
que pour notre pensée ; dans la réalité, tout est discontinu
et contingent.

Il est vrai, et nous n'avons garde de l'oublier, que pour
Descartes les actes de création, distincts dans leur apparente continuité, s'appliquent toujours à l'ensemble des choses. Le monde est considéré comme étant tout d'une pièce,
comme formant un tout d'où rien ne peut être distrait, et
où rien ne saurait être changé. — Mais ne pourrait-on aller

1. Lett. XLV, p. 126.
2. Méd. III, 20 ; Princ. I, 21 ; Rép. aux II obj. ax. II, 75 ; Rép. aux
V obj. 35. — Voir F. Bouillier, Hist. de la Philos. cartésienne, ch. IV.

plus loin et concevoir la contingence non-seulement à l'origine, mais dans le développement des choses, et même dans l'état actuel ? De même la discontinuité s'introduirait dans la trame actuelle des phénomènes. — Descartes lui-même, quand il renonce à ses procédés géométriques et regarde le monde tel qu'il est, conçoit que beaucoup de choses qui ne sont pas auraient pu être dans le monde, « si c'eût été le vouloir de Dieu de les y mettre[1] ».

Si, développant cette pensée de Descartes, on attribuait à ces possibles non plus une possibilité idéale ou hypothétique, mais une possibilité réelle et actuelle, on se trouverait en présence d'une nouvelle théorie de l'erreur. La pensée fausse serait la représentation de ces choses qui ne sont pas, mais auraient pu ou pourraient être ; elle serait positive, en ce sens qu'elle serait la pensée de choses qui sont à quelque degré, puisqu'elles sont possibles ; elle serait positive encore, en ce sens que l'affirmation serait l'acte d'une libre volonté.

Il est vrai qu'il faudrait renoncer à la méthode géométrique et reconnaître l'expérience comme la condition essentielle de la connaissance du réel. — On ne peut dire que Descartes ait franchi ce pas. — Tenter de le franchir, c'est peut-être ne pas être infidèle à la pensée intime du grand philosophe.

1. Méth. VI, 3.

CHAPITRE IV.

Théorie de Spinoza [1].

Un des caractères distinctifs de la philosophie de Spinoza est d'avoir ramené l'unité partout où Descartes avait laissé subsister le dualisme. Spinoza proclame la dualité de l'idée et de son objet (D. I. Em., p. 366, éd. de 1677); mais il ne s'agit ici que d'une dualité apparente qui recouvre une identité réelle. Car si on entend par objet l'essence intelligible ou objective, Spinoza déclare qu'elle est identique à l'idée vraie. « La certitude et l'essence objective ne font « qu'un. » (*Ibid.*) Si l'objet est autre chose qu'une essence intelligible, s'il existe dans la nature (Eth., pr. 30, p. I), ou s'il est un mode de l'étendue, Spinoza dira qu'un mode de l'étendue et l'idée de ce mode ne sont qu'une même chose exprimée de deux manières. (Eth., pr. 7, p. II, Schol.)

En tout cas, par rapport à la théorie de la connaissance, l'objet est exactement comme s'il n'était pas. Sans doute, l'idée vraie est conforme à son objet (Eth., ax. VI, p. I); mais c'est parce qu'elle est vraie qu'elle est conforme à son objet, et non parce qu'elle est conforme à son objet qu'elle est vraie. « Nos idées n'ont hors d'elles-mêmes aucun fonde- « ment sur lequel elles aient à s'appuyer. » (D. I. Em., p. 390.) « La pensée vraie ne se distingue pas seulement « par la dénomination extrinsèque, mais surtout par l'intrin- « sèque..... Elle ne reconnaît pas l'objet comme sa cause. » (D. I. Em., p. 378. — Eth., pr. 5, p. II.) La vérité doit être connue en elle-même [*verum index sui*] (Eth., pr. 43, p. II,

I. V. SAISSET, Introd. — P. JANET, *Spinoza et le Spinozisme, Revue des Deux-Mondes*, 15 juillet 1867.

Schol.), sans tenir compte de l'objet. La conformité avec l'objet est une conséquence qui va de soi et dont il ne vaut guère la peine de s'occuper.

C'est si peu la conformité avec l'objet qui constitue la vérité d'une idée, qu'une idée conforme à son objet peut être fausse par rapport à celui qui la pense. (D. I. Em., p. 378.) — Une idée peut être vraie sans avoir d'objet réel, par exemple l'idée d'un instrument conçu par un artisan et non réalisé. (*Ibid.*) — Enfin, les idées se forment dans la pensée tout autrement que les choses dans la réalité. Par exemple, on a une idée adéquate de la sphère, si on la considère comme engendrée par la révolution d'un demi-cercle autour du diamètre qui le limite; mais il n'y a pas dans la nature de sphère engendrée de cette manière. (D. I. Em., p. 379.) « Il ne faut pas croire « que la pensée vraie soit la connaissance d'une chose par « ses causes réelles; il suffit que nous expliquions une idée « par une cause quelconque, *ad libitum.* » Donc ce qui constitue l'essence de la pensée vraie doit être cherché dans cette même pensée et « déduit de la nature de l'entendement ». En d'autres termes, si l'on ne peut dire d'une manière absolue que les représentations de la pensée sont toute la réalité, puisque la substance divine se manifeste à la fois sous forme de pensée et d'étendue, du moins, par rapport à la connaissance, c'est dans la pensée pure que l'on doit chercher toute la vérité, puisque les autres manières d'être de la substance sont nécessairement représentées, et que toute représentation résulte du développement interne de la pensée en tant que pensée.

Idéaliste comme Platon, s'il ne refuse pas aux corps toute réalité, Spinoza arrive pourtant aux mêmes résultats, puisque la vérité consiste uniquement dans des rapports entre les idées, abstraction faite de toute action extérieure. Par là, il s'éloigne de Descartes. Pour Descartes, en effet, sauf dans la connaissance de Dieu, la pensée ne se confond pas avec l'être, l'essence avec l'existence. Si l'ordre de nos connaissances est conforme à l'ordre des choses, ce n'est pas par leur vertu propre, mais parce qu'une garantie extérieure nous l'assure. Descartes est sur le chemin qui mène à Kant; Spinoza lui tourne le dos.

Dans une telle doctrine, le problème de l'erreur prend une importance capitale. Spinoza, dans ses divers écrits, s'est particulièrement attaché à le résoudre ; un des plus graves reproches qu'il adresse à Bacon et à Descartes, est de n'avoir pas saisi la vraie cause de l'erreur. (Ep. II.)

I. — L'intelligence humaine, en tant qu'elle fait partie de Dieu, est absolument infaillible. Si la pensée est identique à l'être, l'erreur (Eth., pr. 49, p. II, Schol.) est un non-être. Se tromper ce n'est pas penser ce qui n'est pas ; c'est ne pas penser, si l'on prend le mot penser dans sa signification la plus haute. Spinoza nous met au défi de trouver un mode positif de la *pensée* (Eth., p. 33, p. II) qui constitue la forme de l'erreur ou de la fausseté.

Pourtant l'erreur existe ; c'est qu'à côté de la pensée véritable ou de l'entendement se trouve l'imagination ; c'est elle seule qui est la source de nos erreurs. Si parfois nous imputons l'erreur à l'entendement, en cela même nous sommes dupes d'une illusion (D. I. Em., p. 384); nous confondons l'image avec l'idée (Eth., I, app.), ou bien nous nous servons de mots auxquels nous n'attachons aucune idée. « Celui qui se trompe dans un calcul a dans l'esprit « d'autres nombres que ceux qui sont sur le papier. (Eth., « pr. 47, p. II, Schol.) S'il se trompe, c'est en tant qu'il « associe non des idées, mais des mots qui sont des images « (D. I. Em., p. 385); mais en tant qu'il se sert de l'enten- « dement, s'il calcule véritablement, bien qu'il exprime ses « idées par des mots qui ne leur conviennent pas, il ne se

« trompe pas. » — « Je n'ai pas cru dans l'erreur un homme
« que j'ai entendu crier tout à l'heure : Ma maison s'est en-
« volée dans la poule de mon voisin ; parce que sa pensée
« véritable me paraissait assez claire. » (Eth. pr. 47, p. II.
Schol.)

Spinoza insiste à plusieurs reprises sur cette distinction
de l'imagination et de l'entendement qui est une des parties
importantes de sa théorie. (Eth. pr. 49, p. II;—pr. 1, p. IV;
D. I. Em., p. 384; Ep. XXIX; Ep. XLII, éd. de 1677.) —
Cependant, si inférieure qu'elle soit à l'idée, l'image est
encore un mode de la pensée ; il reste toujours impossible
qu'elle représente ce qui n'est pas.

Si nous ne nous trompons que quand nous imaginons, ce
n'est pas même en tant que nous imaginons que nous nous
trompons. L'erreur est un non-être par rapport à l'imagination aussi bien que par rapport à l'entendement. Rien de
plus absurde, suivant Spinoza, que de supposer « que l'âme
« par sa seule vertu crée des sensations, des idées sans rap-
« ports avec les choses, à ce point qu'elle soit presque
« comme un Dieu. » (D. I. Ém., p. 375.) — « L'image n'est
« jamais fausse. » (Eth. pr. 17, p. II. Schol.)—Si je dis que
le soleil est à deux cents pieds de la terre, il est vrai que,
connu à l'aide des sens, il m'apparaît à cette distance (Eth.
pr. 35, p. II, Schol. ;—pr. 1, p. IV) ; et il doit en être ainsi
en vertu des lois qui président aux rapports des corps entre
eux ; car l'image est, par rapport à la pensée, l'expression
de ce qui arrive dans la sphère de l'étendue. — La même
apparence subsistera encore quand nous connaîtrons la distance vraie ; elle n'est donc pas contraire à l'idée vraie ;
elle exprime la même réalité, mais d'une façon incomplète,
elle est mutilée, inadéquate, elle n'est pas fausse.

De même Spinoza explique longuement et assez péniblement qu'en vertu de la constitution des corps, l'imagination doit toujours nous offrir comme présents les objets

qu'elle s'est une première fois représentés, même lorsque ces objets ont cessé d'exister. (Eth. pr. 17, p. II, Cor. et Schol.)

L'affirmation que le soleil est à deux cents pieds de la terre n'est donc fausse que par rapport à la connaissance vraie qui nous fait défaut. (Eth. pr. 35, p. II, Schol.) Se tromper, ce n'est pas même imaginer ce qui n'est pas, c'est ne pas imaginer tout ce qui est. — L'erreur est une privation ou une négation. (Eth. pr. 33, p. II ; — pr. 35, p. II ; D. I. Em., p. 379.) — Elle est une privation, si on compare l'idée fausse à l'idée vraie, telle que nous pouvons et que nous devons l'avoir en tant qu'êtres doués d'entendement. — Elle est une négation, si on considère l'idée fausse en elle-même, au moment où elle se produit, d'après les lois de l'éternelle nécessité. (Ep. XXXII ; Ep. XXXIV.)

S'il y a dans notre esprit des idées inadéquates et fausses, il ne s'ensuit pas, bien que toutes nos pensées soient des modes de la pensée divine, que l'erreur pénètre dans l'entendement divin. — En effet, si ces idées sont fausses ou inadéquates, c'est que nous ne voyons qu'une partie des causes et des effets ; c'est que, sur cette chaîne de causes et d'effets dont les extrémités se perdent dans l'infini, nous découpons pour ainsi dire une partie, sans voir nettement comment elle se rattache à ce qui précède et à ce qui suit. Les perceptions des sens ou de l'imagination sont « comme « des conséquences séparées de leurs prémisses ». (Eth. pr. 28, p. II.)

Mais l'entendement divin embrasse la totalité infinie de ces effets et de ces causes ; il n'y a donc pour lui rien d'incomplet, rien de mutilé. (Eth. pr. 4, p. III.) — La cause de l'erreur est donc uniquement l'imperfection ou la limitation de notre esprit.

Enfin, demander comment il est possible que des esprits limités se forment au sein de la pensée divine, que des séries partielles de phénomènes réels soient représentées, à un moment de la durée, ce serait demander comment la durée apparaît à côté de l'éternité, les modes finis à côté des attributs infinis. — Spinoza ne s'explique pas sur ce point ; il ne déduit pas les modes des attributs (Eth. pr. 28, p. I), il en constate l'existence ; c'est un des postulats de sa métaphysique.

Il ne suffit pas d'expliquer la nature de l'idée fausse pour achever la théorie de l'erreur. Comme Descartes, Spinoza distingue l'idée et l'affirmation ; à son exemple aussi, il définit l'affirmation un acte de volonté (Eth. pr. 48, p. II) ; même la volonté consiste uniquement à affirmer ou à nier. Cette fois encore, cependant, Spinoza, identifiant les deux termes qu'il vient de distinguer, échappe au dualisme cartésien.

La volonté n'est pas, suivant lui, un pouvoir réel et indépendant ; elle est une abstraction. Il n'y a pas de volonté, il n'y a que des volitions ; et la volition n'existe pas plus en dehors de l'idée que la Pierréité en dehors de Pierre. (Eth. pr. 48, p. II ; — pr. 49, p. II ; Ep. II.) — L'idée, c'est un point sur lequel Spinoza revient à chaque instant (Eth. pr. 48, p. II, Schol.), n'est pas une chose muette, une peinture tracée sur un tableau : elle est réelle, active, vivante, si on peut dire. Elle s'offre sous un double aspect ; mais la représentation et l'affirmation, l'élément intellectuel et l'élément volontaire n'existent pas l'un sans l'autre ; ils se pénètrent et se confondent. « La volonté et l'entendement sont une « seule et même chose. » (Eth. prop. 49, p. II, Schol.)

Dès lors, il ne peut plus être question de dire avec Descartes que la volonté est infinie tandis que l'entendement est fini. — La volonté dépasse l'entendement, si par entendement on veut seulement parler des idées claires, mais elle n'est pas plus étendue que la faculté de concevoir.

(Eth. pr. 49, p. II, Schol.) — De même c'est une illusion de croire que nous pouvons suspendre notre jugement. Le doute résulte non d'un conflit entre l'idée et la volonté, mais de l'opposition de deux idées ou plutôt de deux images. (Eth. pr. 49, p. II, Schol; D. I. Em., p. 381.) Si, concevant un cheval ailé, nous suspendons l'affirmation, c'est que nous avons une idée qui exclut l'existence de ce cheval. Sans cette idée, la volonté ne saurait en quelque sorte où se prendre; elle serait dans le vide. « Nous n'at- « teignons par aucun acte de volonté ce que nous n'attei- « gnons par aucune pensée. » (Eth. pr. 49, part. II. Schol.) Il suit de là que la certitude fait partie intégrante de l'idée vraie. (Eth. pr. 43, p. II, Schol). Être certain, ce n'est pas adhérer à une idée tenue un moment pour douteuse ; il n'y a pas place dans l'éthique pour le doute méthodique.

Être certain et savoir qu'on l'est sont une seule et même chose; car, si déjà on n'était certain d'une chose, comment saurait-on qu'on l'est? La conscience qu'on prend de la certitude suppose qu'on la possède. (Eth. pr. 43, p. II, Schol.) Si cette conscience faisait la certitude, ne faudrait-il pas aussi avoir conscience de cette conscience (D. I. Em., p. 367), et comment sortir de ce progrès à l'infini? — Il n'est pas même nécessaire, pour savoir, que je sache que je sais. On ne s'élève donc pas à la certitude; elle est un point de départ et non un point d'arrivée. On peut la distinguer des autres états de l'esprit (c'est même en cela que consiste toute la méthode), mais on ne la distingue qu'à la condition de la posséder; il faut être au cœur de l'être et de la vérité pour la connaître. Aussi n'y a-t-il pas de critérium : *Veritas norma sui et falsi est.* (Eth. pr. 43, p. II, Schol.) Une fois connue, l'idée vraie est « un instrument na- « turel » qui permettra d'avancer dans la science. (D. I. Em., p. 368.)

Dès lors, ce n'est que par un abus de mots qu'on dit

d'un homme qui se trompe qu'il est certain. « Nous ne di-
« rons jamais d'un homme qu'il est certain, si forte que
« l'on suppose son adhésion à l'erreur. » (Eth. pr. 49, p. II,
Schol.)

De même que l'idée adéquate enveloppe la certitude, l'idée
inadéquate enveloppe un acte de volonté ou affirmation
aussi éloigné de la certitude que l'idée mutilée de l'idée
complète. (Ibid.) Cette affirmation n'est pas plus erronée
que l'idée même dont elle est inséparable.

Une affirmation n'est donc erronée que par défaut : elle
est une privation. L'apparente certitude qui s'attache quelquefois à l'erreur se réduit à l'absence de doute. (Ibid.) —
De ces deux états, profondément différents, bien que nous
les confondions quelquefois, l'un est négatif, l'autre positif.
— L'affirmation adéquate diffère de l'affirmation inadéquate
par « une dénomination intrinsèque ». (D. I. Em., p. 378.)
Il y a dans les idées quelque chose de réel qui distingue les
vraies des fausses.

La preuve que l'apparente certitude qui s'attache aux
idées inadéquates n'est rien de positif, c'est qu'en présence
de l'idée adéquate elle disparaît. L'image subsiste à côté
de l'idée vraie (Eth. pr. 35, p. II, Schol. — Eth. pr. 1,
p. IV, Schol.), et même, dans la pratique, il peut être utile de
la conserver ; mais la croyance disparaît, et il n'y a plus
d'erreur. En effet, ce qui est vrai de la fiction est vrai de
l'erreur. (D. I. Em., p. 377.) Or, sachant que Dieu existe,
je ne puis pas plus feindre que Dieu n'existe pas que je ne
puis feindre un éléphant passant par le trou d'une aiguille.
(D. I. Em., p. 372.) Un être omniscient ne pourrait rien
feindre. — Il n'est pas vrai, d'autre part, que les fictions
de l'imagination s'imposent à la croyance avec la même nécessité que les idées. On peut toujours imaginer le contraire
d'une chose fausse ; on ne peut imaginer le contraire d'une
chose vraie quand on l'a connue comme telle. « La fiction

« n'est pas limitée par la fiction, mais par l'intelligence. » (D. I. Em., p. 375.)

Maintenant, comment distinguer la certitude et l'absence de tout doute lorsque, n'étant pas simultanément présentes, elles ne se distinguent pas d'elles-mêmes ? En un sens, nous l'avons vu, il n'y a pas de règle de vérité : la certitude se connaît parce qu'elle est. Spinoza donne pourtant une règle de vérité, *ut optimam veritatis normam habeamus.* (*Ibid.*) Mais ce critérium doit nous servir, non à décider si nous pouvons être certains, mais à reconnaître si nous le sommes. Le moyen de reconnaître la véritable certitude, c'est de s'attacher exclusivement aux idées simples ou composées d'idées simples. « En effet, la fausseté consiste en ceci seule- « ment que nous affirmons d'une chose ce qui n'est pas con- « tenu dans le concept de cette chose. » (*Ibid.*, 379, 384.) Spinoza n'admet comme vrais que les jugements dont les termes sont unis *a priori ;* il repousse ce que Kant appellera les jugements synthétiques *a posteriori.*

Par exemple, on peut affirmer que la révolution d'un demi-cercle autour de son diamètre engendre une sphère ; mais si on se borne à affirmer la rotation du demi-cercle, on se trompe ; car cette idée n'est contenue ni dans le concept du demi-cercle, ni dans le concept du mouvement. Donc si nous n'affirmons que des idées simples, comme les idées de demi-cercle, de quantité, de mouvement, etc., ou des idées dérivées des idées simples, nous ne courons aucun risque de tomber dans l'erreur. (D. I. Em., p. 378.)

Enfin, nous pouvons mettre à découvert la fausseté d'une erreur ou d'une fiction en considérant les conséquences qui s'en déduisent régulièrement. D'une idée vraie, au contraire, fût-elle feinte, on ne peut tirer par voie de déduction régulière que des conséquences vraies. (*Ibid.*, p. 369-376.)

II. — Envisagée synthétiquement, la théorie de l'erreur, d'après Spinoza, se réduit à ces deux propositions :

1° Il y a des idées inadéquates distinctes des idées adéquates ;

2° L'imperfection des idées inadéquates opposée à la perfection des idées adéquates suffit à rendre compte de l'erreur.

Il n'y a point dans l'entendement humain un vice radical tel, que certains modes de la pensée ne correspondent pas à des modes de l'être, que la pensée ne puisse dès lors être prise comme la mesure de l'être, que le non-être enfin y soit représenté. Tout ce que nous pensons est. Spinoza pourrait reprendre le mot de Parménide : « L'être est, le « non-être n'est pas ; tu ne sortiras jamais de cette pensée. »

Cependant, Spinoza est bien obligé d'accorder que si le non-être n'est pas, le moins-être, l'être imparfait est ; aux modes imparfaits de l'être correspondent les idées inadéquates. L'erreur, à proprement parler, n'existe pas plus que le non-être ; elle est une moindre vérité. Les idées inadéquates sont vraies, mais moins vraies que les idées adéquates ; en tant qu'elles sont moins vraies, nous les appelons fausses ; l'erreur n'est que l'absence d'une perfection ; c'est ce que Spinoza appelle une privation ou une négation.

Descartes avait distingué deux choses dans l'erreur[1] : l'idée fausse et l'affirmation volontaire qui s'y ajoute. Pour lui, comme pour Spinoza, l'idée fausse n'est qu'incomplète ; la pensée à aucun degré ne représente ce qui n'est pas. La volonté, indépendante de l'intelligence, en posant comme vraie l'idée confuse, lui attribue une réalité positive. L'erreur supposait toujours un défaut de connaissance, mais elle était autre chose et plus que ce défaut de connaissance.

Spinoza est amené, pour des raisons qui viennent non

1. V. ci-dessus, ch. III.

plus de sa théorie de la connaissance, mais de la conception
qu'il se fait du monde, à repousser cette théorie. — La volonté
ne se distinguant pas de l'entendement, l'erreur n'est rien
de positif, même au point de vue de l'affirmation. Comme
l'idée n'est pas fausse, l'affirmation n'est pas erronée. Mais
si l'affirmation est toujours vraie, elle peut, comme l'idée
dont elle dépend, être moins vraie que d'autres affirmations.
En tant qu'elle est moins vraie, nous l'appelons fausse. Ici
encore l'erreur n'est que privation ou négation.

Une première critique que l'on peut adresser à la théorie
de Spinoza, c'est que si, dans son hypothèse, il est impossible d'admettre que la pensée pense ce qui n'est pas, il n'est
pas plus aisé de comprendre qu'elle pense imparfaitement
ce qui est. De même on ne peut comprendre comment
l'imperfection s'introduit dans l'être; le moins-être est une
sorte de non-être. Ce n'est pas résoudre la difficulté que de
considérer les modes de la pensée comme infinis en nombre et constituant actuellement l'entendement divin (Eth.
pr. 40, p. V, Schol.; — pr. 28, p. I); d'admettre cet entendement
comme un intermédiaire entre la pensée pure et les modes,
et de chercher dans la nature naturée une sorte d'équivalent à l'infini, absolu de toute façon, de la nature naturante.
(Eth. pr. 31, p. I.) Comment relier la pensée pure qui voit
toutes choses sous forme d'éternité avec l'entendement
qui, tout en les voyant actuellement, les voit dans la durée?
Et si les idées ne deviennent inadéquates que pour un entendement fini, comment comprendre que dans l'entendement
divin se détachent des séries partielles d'idées? Comment
comprendre l'individualité, si faible et si apparente qu'on la
suppose (et il faut bien la supposer pour expliquer l'erreur,
même comme l'entend Spinoza), à côté de l'Être éternel et
indivisible? — Une doctrine qui dédaigne l'expérience et
prétend tout déduire d'une définition, se contredit si elle

laisse de pareilles questions sans réponse. Parménide était plus conséquent lorsqu'il refusait d'admettre à côté de l'être, non-seulement le non-être, mais l'imperfection de l'être.

En tenant un moment pour accordé que l'erreur se réduit à une simple privation, le problème est de savoir comment notre pensée est faillible, c'est-à-dire imparfaite; et Spinoza nous demande d'accorder comme postulat qu'à côté de la pensée parfaite se trouve la pensée imparfaite, à côté de la connaissance adéquate la connaissance inadéquate ! — Spinoza tombe d'ailleurs plus d'une fois dans ce défaut. Rien de plus simple dans sa doctrine que l'explication des rapports de l'âme et du corps, mais à la condition d'admettre que Dieu est à la fois pensée et étendue. L'union de ces deux natures contraires est-elle plus intelligible en Dieu qu'en nous ?

Mais la partie importante de sa théorie est la définition de l'erreur. Or, il est aisé de voir que, soit au point de vue de l'idée, soit au point vue de l'affirmation, Spinoza dénature entièrement l'erreur.

Si je me représente le soleil comme éloigné de la terre de deux cents pieds, ou si j'imagine un cheval ailé, en un sens je suis dans l'erreur, puisque je me représente les choses autrement qu'elles ne sont; il est clair que cette erreur tient à l'imperfection de l'esprit humain, et comme nous sommes capables d'avoir une connaissance plus exacte, Spinoza a raison de dire que l'erreur est une privation ou une négation. En un autre sens pourtant, je ne me trompe pas, car il est vrai que le soleil paraît à deux cents pieds, que je vois un cheval ailé. Spinoza a encore raison de dire que l'image en elle-même n'est pas fausse.

Maintenant, il arrive que, non content d'imaginer le soleil à deux cents pieds, je me figure *savoir* que le soleil est à deux cents pieds. Soit que j'aie fait un raisonnement comme ceux qui comparaient la grandeur du soleil à celle du Péloponèse, soit que je prenne une connaissance du premier genre pour une connaissance du troisième genre, c'est-à-dire pour une intuition directe de la réalité, j'ai la prétention de connaître la chose, non suivant l'ordre de la nature, mais suivant l'ordre de la raison. La première erreur subsiste toujours, mais il s'en ajoute une seconde ; je ne me représente plus seulement les choses extérieures autrement qu'elles ne sont ; je me représente autrement qu'il n'est l'acte même de ma pensée. — Mais puis-je me tromper sur ce point ?

Spinoza reconnaît bien que nous confondons souvent l'entendement et l'imagination, mais il veut dire que nous croyons nous servir de l'entendement sans nous en servir réellement. Si nous attribuons à l'image les caractères de l'idée, c'est que les mots qui exprimaient ces caractères quand nous faisions réellement usage de l'entendement, nous sont restés. Ces images ajoutées à d'autres images forment l'erreur.

Cette explication pourrait être acceptée si, dans la plupart des erreurs, nous n'agissions pas avec conscience. Quand une erreur est réfléchie, précédée de doutes, appuyée sur un raisonnement, comme le célèbre sophisme d'après lequel les antipodes ne sauraient être habités, comment soutenir qu'elle résulte d'un jeu de l'imagination et que l'entendement n'y est pour rien ? Les animaux sont-ils capables de telles erreurs ? Et s'il est vrai que le raisonnement, quand il est rigoureux, ne saurait nous tromper, n'est-ce pas en faisant usage de cette faculté qu'il considère comme la plus haute, la connaissance intuitive, que nous tombons dans l'erreur ? Quand Descartes, plein de confiance dans les idées claires, affirmait que la pensée humaine est une substance réelle, il se trompait, suivant Spinoza. Dira-t-on qu'en croyant saisir la réalité, Descartes, ne se servait pas actuellement de sa puissance de penser, qu'il agissait comme un être doué seulement d'imagination et qui aurait pensé autrefois? Étrange situation que celle de Spinoza obligé de prouver à un homme raisonnable, qui prétend raisonner, qu'il ne raisonne pas! Autant persuader à un homme éveillé qu'il dort!

En réalité, ce n'est pas le souvenir des actes de l'entendement, c'est l'entendement en acte qui achève l'erreur. L'homme se trompe en tant qu'être raisonnable. Dès lors, l'erreur n'est plus une privation. Je ne me trompe pas parce qu'il me manque une idée que j'aurai plus tard ou que d'autres auront. J'ajoute, au contraire, quelque chose à l'image qui m'est donnée ; je lui prête les caractères qu'elle n'a pas. La connaissance du deuxième et surtout du troisième genre est cause de la fausseté des idées. L'erreur est un mode positif de la pensée.

Le véritable problème de l'erreur consiste à chercher comment, même en se servant de la raison, l'homme peut se tromper. Il s'agit, comme le disait Platon, qui a nettement vu la difficulté, d'expliquer comment en même temps on sait et on ne sait pas. L'erreur n'est plus un accident qu'on peut écarter ; elle atteint le cœur même de la pensée ; c'est la légitimité de la faculté de connaître qui se trouve mise en doute.

Spinoza ne pouvait résoudre ce problème ; il ne pouvait même pas admettre qu'il fût posé en ces termes. C'est pourquoi il a méconnu la nature de l'erreur. A vrai dire, il n'explique pas l'erreur, il la nie.

Toutefois, il était impossible qu'une distinction si simple échappât à un philosophe tel que Spinoza. Elle s'est présentée à lui lorsqu'il écrivait le *De Intellectus emendatione*. Il voit bien qu'il y a dans l'erreur autre chose qu'une image particulière, mais il ne peut accorder que cet autre élément soit de nature intellectuelle. C'est alors qu'il a recours à l'idée abstraite de l'être. L'idée abstraite de l'être (Eth., pr. 40, p. II. Schol.), comme tous les concepts transcendantaux, est l'œuvre de l'imagination; elle représente les idées à leur plus haut degré de confusion. Pourtant elle offre certaines analogies avec les notions communes et on les confond souvent; elle est comme un moyen terme entre l'image et l'idée. L'idée de l'être est dans l'esprit comme une forme vide, prête à s'appliquer à toutes les choses qui se présentent ensemble à la mémoire. Que la mémoire nous représente en même temps un arbre et la faculté de parler, nous penserons que l'arbre parle. (D. I. Em., p. 374.) Un grand nombre d'erreurs viennent ainsi de ce que nous concevons les choses trop abstractivement. « Il faut se garder « de confondre la nature avec les principes abstraits, bien « qu'ils soient de véritables axiomes. » (Ibid., p. 380).

Il n'est pas aisé de déterminer quelle distinction Spinoza établit entre les termes transcendantaux et les notions communes. D'abord les notions communes, parmi lesquelles il ne cite guère que l'étendue et le mouvement (Eth. lemme 2, p. II), doivent, quoique adéquates, être distinguées de la connaissance intuitive ou du premier genre; il semble même que Spinoza ne les classe qu'à regret parmi les notions adéquates. (Eth., pr. 36, p. V. Schol.) — Si elles sont adéquates, c'est qu'elle représentent ce qui est commun à toutes choses. (Pr. 38, p. II.) Or comment connaît-on ce qui est commun à toutes choses? L'étendue est affirmée *à priori*. (Def. 1, p. II.) Mais le mouvement est affirmé comme axiome (Ax. 1, p. II); d'où résulte cet axiome sinon de l'expérience? Spinoza dit lui-même que ses postulats ne contiennent guère que des faits établis par l'expérience. (Eth., pr. 17, p. II; pr. 40, p. II. Schol.) — Mais d'autre part, les termes transcendantaux et les notions universelles dérivent de l'expérience. Dès lors, d'où vient la profonde différence de ces deux ordres de connaissances?

Pourquoi l'idée d'être est-elle abstraite quand l'idée de mouvement est une notion commune? « Les principes abstraits « sont eux-mêmes, dit Spinoza, de véritables axiomes. » (D. I. Em., p. 328.) Pourquoi Spinoza est-il nominaliste dans le premier cas, réaliste dans le second? N'a-t-il pas oublié la prescription, qu'il renouvelle si souvent, de ne pas confondre l'imagination et l'entendement?

Mais en supposant même la distinction des idées et des images nettement établie, si l'idée de l'être appartient à l'imagination, l'erreur sans doute est toujours une privation, par rapport à l'idée rationnelle supposée absente, mais il reste toujours impossible d'expliquer que cette image revêt pour notre conscience les caractères de l'idée adéquate sans que l'entendement intervienne.

Enfin Spinoza va jusqu'à reconnaître l'action simultanée de l'imagination et de l'entendement. Les stoïciens, dit-il, se sont formé une image confuse de l'âme; en même temps, ils imaginaient et comprenaient que les corps les plus subtils pénètrent les autres sans être pénétrés par rien. De là cette conclusion que l'esprit est un corps subtil. « L'idée vraie se « trouve mêlée à des idées indistinctes. » (D. I. Em., p. 380.) — L'acte d'entendement, se produisant en même temps que l'image vraie, qui elle-même suit de près une image fausse, s'étend aux deux images et les englobe.

Mais tout ce que comporte la théorie de Spinoza, c'est une juxtaposition aussi voisine, une succession aussi rapide que l'on voudra de l'idée vraie et de l'image fausse ; s'il y a mélange, l'entendement, ne fût-ce qu'un instant, pense ce qui n'est pas. Ce qui n'est pas est représenté dans la pensée, et, comme ce qui est représenté dans la pensée est, ce qui n'est pas est. Voilà le mode positif de la pensée qui est l'erreur et que Spinoza nous mettait au défi de trouver. — Et il s'agit bien ici d'un mode positif; car Spinoza, en parlant de l'erreur des stoïciens, emploie le mot certitude (*certi*

reddebantur). Il a pourtant déclaré ailleurs qu'il n'attribue-
rait jamais la certitude à un homme qui se trompe.

De même Spinoza, pour expliquer l'affirmation erronée,
la dénature.

D'abord, dire que l'affirmation erronée est une privation,
c'est dire qu'elle ne saurait envelopper aucune résistance
positive, aucun parti pris de la volonté; aussitôt que la vérité apparaîtra à l'esprit, la volonté devra s'empresser de la
reconnaître.

A vrai dire, c'est une opinion généralement acceptée par
les philosophes; il paraît impossible d'admettre que, si
nous avons dans l'esprit une idée vraie, nous lui refusions
notre adhésion. Mais il faut prendre garde de jouer sur les
mots. Si une idée est vraie *pour nous*, il est clair que nous
sommes certains; mais la question est de savoir si une idée
ne peut pas être vraie en soi sans que nous lui accordions notre
adhésion. N'est-il pas possible qu'un homme qui nie ou qui
doute, un sceptique, ait, au point de vue purement intellectuel, exactement la même idée qu'un homme qui affirme?
Ne pouvons-nous pas comprendre une chose, la voir des
yeux de l'esprit comme ceux qui y croient, et ne pas croire?
On a toujours la ressource de prétendre que ceux qui, dans
cette hypothèse, ne croient pas, sont de mauvaise foi; ou
qu'ils ne comprennent pas entièrement ce qu'ils nient ou
refusent d'affirmer; mais c'est là une simple pétition de
principe. A ne considérer que les faits, les négations des
sceptiques, les divergences d'opinion, l'obstination des préjugés, nous autorisent-elles à affirmer comme une chose
évidente qu'une idée vraie entraîne nécessairement, par sa
vertu propre, l'adhésion de chacun?

Mais, sans insister sur cette question délicate, la théorie
de Spinoza prête le flanc à une critique beaucoup plus grave.
Si l'affirmation erronée n'est qu'une privation, il s'ensuit,

et Spinoza le proclame, qu'elle doit différer par un caractère intrinsèque de l'affirmation vraie. Mais il y a ici encore une équivoque.

On peut dire d'un homme qui se trompe, qu'il n'est pas certain, si, comme Spinoza, on se place dans l'absolu ou, comme nous disons, au point de vue objectif. Mais, par rapport à l'individu, au sujet, la certitude est un état dont lui seul est juge. Or, en fait, et c'est là une des grandes difficultés du problème de l'erreur, il se trouve souvent en cet état au moment où il pense une chose fausse. Si, même au point de vue de l'individu, la certitude vraie et la certitude fausse sont radicalement différentes, d'où vient que, malgré nos efforts, nous prenions l'une pour l'autre? Et en quoi consiste cette différence? Voilà encore Spinoza obligé de soutenir que nous ne sommes pas certains au moment où nous croyons l'être et qu'il sait mieux que nous ce qui se passe en nous.

Enfin, quels arguments Spinoza invoque-t-il pour établir que l'affirmation volontaire n'est pas libre? Sur ce point, où il se sépare de Descartes, il attaque souvent son maître.

Le reproche qu'il lui adresse le plus souvent est de n'avoir pas vu que la volonté est une abstraction. Il est vrai que, pour Descartes, la volonté, comme d'ailleurs l'intelligence humaine, est une réalité distincte de ses modes. Mais ici la question n'est pas de savoir si Spinoza, réaliste comme Descartes lorsqu'il s'agit de la pensée, qui ne nous est pourtant connue que par les idées, a raison d'être nominaliste lorsqu'il s'agit de la volonté humaine. La vraie difficulté, comme il l'indique lui-même, est de chercher si les volitions sont de pures abstractions. Or Descartes admet que les volitions sont toujours unies à des idées : la volonté ne se porte à affirmer une chose que si l'entendement la lui représente. Mais la volition est cependant une fonction distincte de l'idée ; elle n'en dépend pas rigoureusement ; elle n'est pas toujours déterminée par elle et souvent elle la dépasse. — Spinoza, au nom de ses principes, nie qu'il en soit ainsi ; mais il ne le prouve par aucune raison particulière. A l'assertion de Descartes il oppose une assertion qui n'a de valeur que si l'on accepte ses postulats.

Spinoza reproche encore à Descartes d'avoir cru que nous pouvons suspendre notre jugement. Suivant lui, nous ne suspendons notre jugement que quand, deux idées qui s'excluent étant présentes, les affirmations qu'elles enveloppent se neutralisent. Mais s'il est incontestable que nous ne doutons jamais sans raison, que dans le doute une idée s'oppose toujours à une idée, il reste à savoir si c'est l'idée qui amène à sa suite la volition, ou si, au contraire, ce n'est pas la volition qui suscite l'idée. On peut concevoir, en effet, que, pour arrêter une affirmation, la volonté, parmi le nombre indéfini des idées possibles, virtuellement présentes à l'esprit, en choisisse une, l'appelle, attire sur elle l'attention de l'esprit. Les raisons de douter, bonnes ou mauvaises, ne manquent jamais pour un cas quelconque, quand la pensée a été mise en défiance d'elle-même par la découverte de ses erreurs. Dès lors, si le doute survient, de quel droit soutenir que l'origine en soit dans l'idée seule, et non dans un acte spontané et contingent ? En tout cas, Spinoza ne donne aucune raison pour prouver qu'il ne peut en être ainsi.

Au fond, toute cette argumentation contre Descartes s'appuie sur la démonstration par laquelle Spinoza croit avoir prouvé qu'il n'y a aucune liberté, aucune contingence dans le monde. Cette proposition résulte, en effet, rigoureusement de la définition de la substance ; mais peut-être, d'autre part, serait-il juste de dire que, malgré l'ordre des théorèmes, il donne cette définition de la substance parce qu'elle exclut la liberté. L'idée mère du système, le postulat fondamental, c'est la négation de la liberté. C'est ce qu'il indique assez clairement dans une lettre : « Il s'en faut bien « que mon opinion sur la nécessité des choses ne puisse « être entendue sans les démonstrations de l'éthique ; celles- « ci, au contraire, ne peuvent être entendues que si cette « opinion a été préalablement comprise. » (Ep. XXXVIII.)

En résumé, la doctrine intellectualiste et fataliste de Spinoza repose sur un principe qui se présente sous un double aspect. La pensée est identique à l'être ; tout ce qui est pensé clairement existe. — Dès lors, il n'y a dans le monde aucune contingence. — Mais, dans ce système, il est radicalement impossible d'expliquer l'erreur. Se tromper, en effet, c'est penser ce qui n'est pas ; par là l'intellectualisme est ruiné. Se tromper, d'autre part, c'est réaliser, autant du moins que le peut la volonté limitée de l'homme, une existence contingente à côté des existences nécessaires ou données comme telles ; par là le fatalisme est ruiné. Spinoza a pleinement échoué contre le problème de l'erreur, dont il proclamait lui-même l'importance. Il n'explique pas l'erreur ; ou, ce qu'il explique, c'est l'erreur, non pas telle qu'elle est, mais telle qu'elle serait si le système de Spinoza était vrai.

DEUXIÈME PARTIE.

CHAPITRE V.

De la vérité.

On définit ordinairement la vérité, la conformité d'une idée avec son objet. — Par objet, on entend ou une chose en soi, extérieure et hétérogène à la pensée, ou une essence intelligible.

Si l'objet est une chose en soi, il reste à comprendre comment deux choses hétérogènes, une idée et une chose en soi peuvent être semblables ou conformes l'une à l'autre. — De plus, il est impossible de vérifier cette conformité. Comme l'objet n'existe pour nous que s'il est représenté dans la pensée, ce n'est jamais à l'objet lui-même, c'est à une représentation, une idée de l'objet qu'on compare l'idée dont on dit qu'elle est vraie.

Si l'objet est une essence intelligible, on comprend à la vérité que l'idée puisse lui être conforme ou semblable. Mais cette essence intelligible n'existe, elle aussi, du moins pour nous, que si elle est représentée dans notre pensée. C'est en lui-même que notre esprit la découvre. Quelques métaphysiciens, tels que Spinoza, sont même allés jusqu'à dire que l'idée vraie et son objet, ainsi défini, sont une seule et même chose.

Dans tous les cas, c'est sans sortir de lui-même que notre esprit peut découvrir la vérité. — La vérité ne peut être autre chose que la conformité de la pensée avec elle-même.

Parmi nos représentations, il en est qui possèdent cette propriété d'être vraies : c'est pourquoi on les appelle objets. Il reste à déterminer en quoi consiste cette propriété.

Si l'idée-objet se distingue des autres représentations, ce ne peut être uniquement par l'acte de foi ou de croyance qui la pose comme une intuition et la déclare conforme à une chose en soi : car la foi ou croyance, même à son plus haut degré, peut s'appliquer à l'erreur. Il faut que l'idée-objet présente par elle-même certains caractères qui, indépendamment de notre adhésion, la constituent ce qu'elle est. — La vérité est autre chose que la croyance, ou même la certitude.

Il peut paraître naturel de dire que ce caractère distinctif de l'idée-objet est l'évidence. — Mais si l'évidence était une propriété intrinsèque des idées, on ne comprendrait pas que les mêmes choses ne paraissent pas évidentes à tous les esprits. — Au fond, l'évidence n'est qu'un autre nom de la croyance ou de la certitude subjective. Ce n'est pas parce qu'une chose est évidente que nous en sommes certains : mais parce que nous sommes certains, nous disons qu'elle est évidente. L'évidence est la certitude objectivée. — C'est ailleurs qu'il faut chercher le caractère de la vérité.

I. — A proprement parler, il n'y a point de vérité dans les idées, si par idées on entend les éléments irréductibles de la connaissance. Tant que ces représentations apparaissent isolément dans l'esprit, elles ne sont ni vraies ni fausses : par rapport à quoi le seraient-elles si on néglige la considération des choses en soi ? — La vérité et l'erreur ne peuvent apparaître que dans le lien que nous établissons entre elles. C'est ce qu'on exprime ordinairement en disant qu'il n'y a d'erreur que dans le jugement. — Il faut remarquer qu'on entend ici par jugement, non l'affirmation ou croyance, dont il sera question plus loin, mais simplement la synthèse mentale, le rapprochement dans l'esprit de plusieurs éléments.

Il ne suffit pas qu'une synthèse mentale soit formée, pour qu'il y ait, à proprement parler, vérité ou erreur. Tant qu'on se borne à constater les successions ou les liaisons d'idées qui s'accomplissent dans la conscience, on ne peut se tromper. Les vérités que l'on connaît de cette manière n'ont aucun intérêt : les sceptiques les plus déterminés n'ont jamais contesté que nous pensions une chose au moment où nous la pensons.

La vérité et l'erreur apparaissent quand la pensée dépasse le moment présent, qu'elle s'élève au-dessus du phénomène actuel, qu'elle conçoit, au delà de la représentation présente, qui est éphémère, quelque chose qui dure et lui survive. — En un mot, il n'y a de vérité ou d'erreur que si nous généralisons, si nous concevons le lien formé par l'esprit comme indépendant de nous, tel par exemple que nous-mêmes ou les autres hommes nous devions, dans les mêmes circonstances, nous le représenter de la même manière.

Cette persistance de la vérité opposée à la diversité toujours changeante de nos manières d'être individuelles, le sens commun se la représente sous la forme d'un être, d'une substance située dans l'espace et dans le temps ; il la conçoit comme une chose en soi, existant en dehors de toute pensée. « Le vrai, dit Bossuet[1], c'est l'être. » — Au point de vue où nous nous plaçons ici, il faut écarter cette conception.

Tout le monde admet sans peine la réalité des lois de la nature en dehors des phénomènes qu'elles régissent ; personne pourtant ne songe à en faire des entités ou des substances. — Est-il difficile de généraliser cette conception ? Entre nos diverses représentations, il est des rapports constants et nécessaires qui s'imposent à toute

---

1. *Traité de la conn. de Dieu et de soi-même*, ch. I, 16.

pensée comme les lois de la nature s'imposent aux phénomènes. Ces rapports sont l'unique objet de la pensée vraie.

Si on veut absolument leur attribuer un substratum ou un sujet, on peut les envisager, à l'exemple de Bossuet, lorsqu'il parle des vérités éternelles, comme les pensées d'une intelligence universelle qui serait toujours en acte. Seulement il faut remarquer que, si on personnifiait cette intelligence universelle en un être transcendant, on verrait renaître les difficultés qu'on a rencontrées lorsqu'il s'agissait de vérifier la conformité de nos idées avec les choses en soi. Qu'une intelligence absolue existe ou non en dehors de l'humanité, la pensée universelle ne doit être pour nous qu'un terme général exprimant la totalité des vérités acquises, ou un idéal qui ne peut se réaliser que successivement dans les pensées individuelles.

La vérité est, dans chaque circonstance, ce que penserait cette intelligence universelle, ou, plus simplement, ce que doit penser tout esprit semblable au nôtre, si on le suppose dégagé de toute prévention et de toute passion. Nous pensons la vérité lorsque nous pensons comme individus ce que nous devons penser comme hommes.

Il va de soi que, pour distinguer la vérité, il ne saurait être question d'invoquer le consentement universel. Ce consentement n'existe point. Fût-il réel, il serait impossible de le consulter à chaque instant. En outre, le considérer comme criterium de la vérité, ce serait admettre que la vérité est actuellement connue de l'esprit humain, que la science est faite. Enfin, en supposant que l'expression des jugements soit toujours adéquate aux jugements eux-mêmes, l'affirmation ou croyance qui est l'élément essentiel du jugement n'est pas toujours déterminée, l'existence de l'erreur le prouve, par la vérité intrinsèque de la chose pensée. Ce qui est vrai des individus peut être vrai de la somme des individus; en fait, on peut être et on a été unanime dans l'erreur.

Il n'y a point d'autre criterium de la vérité que l'impossibilité où nous sommes de modifier certaines synthèses mentales, si nous voulons faire usage de notre pensée d'après ses lois essentielles. — En fait, nous ne pouvons nous empêcher de penser, quelque effort que nous fassions, que deux et deux font quatre; de même nous nous heurtons à une véritable impossibilité si, ayant des cygnes noirs sous les yeux, nous essayons de penser que tous les cygnes sont blancs.

Sans sortir de nous-mêmes, en tant que nous appliquons les lois de notre pensée, ou que nous consultons notre expérience, nous rencontrons d'insurmontables obstacles; ce sont eux qui nous permettent de distinguer la vérité; c'est cette nécessité qui constitue la propriété particulière de la pensée vraie ou de l'idée-objet. Cette nécessité est d'autant plus manifeste pour nous que nous faisons plus d'efforts pour la vaincre; le libre jeu de l'imagination, capable de former capricieusement toutes les synthèses, s'oppose nettement, dans la conscience, aux rigoureuses combinaisons de l'entendement et aux données de l'expérience. C'est le conflit de la volonté et de la nécessité qui nous permet de distinguer, parmi nos représentations, celles qui sont notre œuvre individuelle et celles qui sont communes à tous les esprits.

Il est vrai que parfois certaines synthèses se présentent à l'esprit avec un caractère d'apparente nécessité, fondée uniquement sur l'habitude ou l'éducation. Stuart Mill cite l'exemple de ces hommes qui considéraient comme inconcevable que les antipodes fussent habités[1]. Mais de ce qu'il existe une nécessité d'habitude, c'est-à-dire toute personnelle

1. *Syst. de Log.*, liv. II, ch. v, 6.

et subjective, on n'a pas le droit de conclure qu'il n'existe pas en même temps une nécessité de nature, impersonnelle et objective. Il suit seulement de là qu'il est malaisé de discerner les vérités et que l'erreur se glisse facilement dans les synthèses qui semblent les plus évidentes; c'est ce qui n'a jamais fait doute pour personne.

Au surplus, il faut remarquer que la nécessité dont il vient d'être question est purement intellectuelle; il s'agit de la nécessité de *penser* et non de la nécessité de *croire*.

Beaucoup de philosophes ont cru trouver le criterium de la vérité dans l'impossibilité où nous serions de refuser notre adhésion à certaines synthèses. Peut-être, cependant n'y a-t-il aucune proposition à laquelle un homme ne puisse refuser de consentir. On a douté de tout, du *cogito ergo sum*, tel du moins que l'entendait Descartes, de l'existence du monde extérieur, des vérités mathématiques.

Il y a pourtant des choses, dira-t-on, dont il est impossible de douter sérieusement. Pouvons-nous, par exemple, ayant froid, ne pas croire que nous avons froid?

Mais il y a ici une équivoque sur le sens du mot *croire*. Si ce terme s'applique au phénomène au moment où il est perçu, il a une tout autre valeur que s'il exprime l'affirmation d'une chose réelle ou objective. Autre chose est dire : J'ai froid; autre chose dire : Il fait froid. On peut avoir froid sans croire qu'il fait froid. — Il y a longtemps qu'on a reproché à Descartes d'avoir méconnu cette distinction en passant brusquement de *cogito* à *sum*. Dans le premier sens, la croyance accompagne nécessairement la pensée ou la sensation; avoir froid, c'est savoir et croire qu'on a froid. Mais, ainsi entendue, la croyance est insignifiante; aucun sceptique ne l'a jamais mise en doute. La difficulté, nous l'avons dit, est de savoir si au delà des phénomènes il y a quelque chose de durable et de permanent. C'est à condition qu'on le prenne en ce sens que le mot croyance aura une valeur philosophique. Or, si on le prend en ce sens, il n'y a point de croyances nécessaires.

J. Stuart Mill admet que nous pouvons refuser de croire même les propositions qui semblent les plus nécessaires : « Toute personne habituée à l'abstraction et à l'analyse, arri- « verait, j'en suis convaincu, si elle dirigeait à cette fin l'effort « de ses facultés, dès que cette idée serait devenue familière à « son imagination, à admettre sans difficulté comme possible, « dans l'un, par exemple, des nombreux firmaments dont « l'astronomie sidérale compose l'univers, une succession « des événements toute fortuite, et n'obéissant à aucune loi « déterminée. Et de fait, il n'y a, ni dans l'expérience, ni « dans la nature de notre esprit, aucune raison suffisante, « ni même une raison quelconque de croire qu'il n'en est « pas ainsi quelque part [1]. »

A défaut d'expériences directes, l'histoire de la philoso- phie est une vérification de l'opinion de Mill, s'il s'agit de la possibilité où nous sommes de croire ou d'admettre n'im- porte quelle synthèse mentale. Mais la nécessité reparait, si on considère, au lieu de la croyance, la pensée.

Nous ne pouvons, en effet, nous soustraire à la nécessité des lois de la pensée qu'en cessant de penser. La seule con- naissance que nous ayons du monde imaginaire dont parle Mill consiste à savoir qu'il n'obéit à aucune loi ; c'est en nous servant de ce principe que tout a ou devrait avoir une loi, que nous pouvons nous faire une idée de ce monde. Nous ne pouvons concevoir le contraire de la loi de causa- lité qu'en l'appliquant : nous l'observons en la niant. Sup- primez cette sorte d'intelligibilité crépusculaire que projette encore notre pensée au moment de s'évanouir, et le monde de Mill ne peut même plus être entrevu; il ne se distingue plus du néant.

1. St. Mill, *Log.*, t. II, ch. XXI, 2, trad. Peisse p. 96, t. II.

Si un philosophe amenait sa pensée à l'état de dissociation dont parle Mill, les phénomènes passeraient devant lui comme les images du rêve, ou comme les connaissances confuses de l'animal : il serait impossible d'établir entre eux aucun lien, puisque par hypothèse, toutes les relations que nous connaissons actuellement auraient disparu. En d'autres termes, cette dissolution de la pensée équivaut à une suppression de la pensée. La seule conclusion à tirer de l'hypothèse de Mill, c'est que peut-être notre pensée n'est pas à l'abri de nous-mêmes ; que nous pouvons la pervertir et même la détruire par l'usage que nous en faisons. Un moraliste dirait que, pour cette raison, nous avons des devoirs envers elle, et que nous devons respecter sa nature et ses lois.

Mais de cette perversion possible, on ne peut conclure qu'il n'y ait pas un emploi légitime de la pensée, de même que les raisonnements des fous ne prouvent rien contre la vérité. Si les lois de la pensée ne sont pas nécessaires en ce sens que la vérité qu'elles découvrent force notre adhésion, elles sont nécessaires en ce sens que, *si nous voulons penser*, nous ne pouvons penser que d'après elles : pour être hypothétique, leur nécessité n'est pas moins réelle.

On peut donc, tout en accordant à Stuart Mill qu'il n'y a pas de croyances nécessaires, soutenir contre lui, avec M. Herbert Spencer, qu'il y a des propositions inconcevables. Ces propositions, suivant l'excellente formule de M. Spencer, sont « celles dont les termes ne peuvent être, « par aucun effort, mis devant la conscience dans le rapport « que les propositions affirment exister entre eux, — celles « dont le sujet et le prédicat offrent une résistance insurmon- « table à leur union dans la pensée[1] ».

1. H. Spencer, *Princ. de psychol.*, VIIe p., ch. XI, trad. Ribot et Espinas, p. 426, t. I.

En résumé, la vérité, consistant uniquement en des rapports généraux et constants entre des représentations, peut être connue ; et elle a pour critérium la nécessité avec laquelle ces rapports s'imposent à la pensée. — Il faut seulement admettre ces deux principes ou postulats : 1° *a priori*, il y a des représentations que la conscience ne peut unir par aucun effort et qu'on appelle contradictoires ; 2° *a posteriori*, nous pouvons distinguer les images des sensations, ces dernières se présentant à nous avec un caractère de nécessité empirique tout à fait analogue à la nécessité logique. — Qu'il y ait, dans la pratique, autant de difficulté à distinguer nettement les images et les sensations qu'à discerner les synthèses qui sont vraiment contradictoires, c'est ce qu'attestent les rêves, les hallucinations, les erreurs de toutes sortes. — Qu'il soit possible de faire cette distinction, c'est ce que le sens commun admet, ce que nous reconnaîtrons avec lui sans insister plus longtemps, et ce qui d'ailleurs a soulevé bien moins de difficultés que la théorie des propositions inconcevables.

Une synthèse mentale est donc fausse lorsqu'elle est contradictoire *a priori*, ou *a posteriori*, en elle-même ou par rapport à des phénomènes actuellement perçus.

II. — Il est nécessaire d'insister sur la distinction qui vient d'être faite entre deux sortes de vérités et les critériums correspondants.

Dans le langage ordinaire, il semble que le mot *vrai* soit employé avec deux significations différentes. On dit également d'une proposition mathématique, et d'une chose ou d'une loi physique, qu'elles sont vraies ; mais elles ne sont pas vraies de la même manière. — Les théorèmes relatifs au triangle ne cesseraient pas d'être vrais s'il n'y avait dans la nature aucun triangle. Une loi physique n'est vraie que s'il y a dans la réalité des faits auxquels elle s'applique.

— Bien des choses peuvent être rationnellement vraies sans l'être empiriquement, c'est-à-dire sans pouvoir être actuellement objet d'expérience. En ce sens, on peut dire, comme le faisait Platon, que, par rapport à la réalité, les mathématiques ne sont qu'hypothétiques. — D'autre part, si rien ne peut être empiriquement vrai qui soit rationnellement faux, ce n'est pas parce qu'une chose est rationnellement vraie qu'elle est donnée dans l'expérience.

De ce que la vérité rationnelle n'embrasse pas nécessairement les vérités de fait, il ne s'ensuit pas qu'on doive lui refuser le nom de vérité et la considérer comme absolument hypothétique. — Ce serait faire au langage et au sens commun une étrange violence que de refuser aux mathématiques la qualité d'être vraies. — D'ailleurs si, par rapport à la réalité donnée, les vérités mathématiques sont hypothétiques, par rapport à la pensée elles sont nécessaires, et par conséquent absolument vraies. — Enfin, quelles que soient les différences qui séparent la vérité mathématique et la vérité empirique, il y a entre elles cette ressemblance capitale qu'elles sont l'une et l'autre un mode d'enchaînement nécessaire des représentations.

Il semble donc que le plus sage soit de conserver à ces deux sortes de synthèses le nom de *vraies*, mais en distinguant la vérité rationnelle et la vérité empirique. — De même il y aura deux logiques : l'ancienne logique, logique formelle ou déductive ayant pour objet la vérité rationnelle ; la logique inductive, ayant pour objet la vérité empirique. — Réserver à cette dernière, comme le fait Stuart Mill [1], le nom de logique de la vérité, tandis que la première s'appellerait logique de la conséquence, serait méconnaître la distinction qui vient d'être établie. — D'autre part, n'admettre qu'une logique formelle et repousser la logique induc-

[1]. *Log.*, liv. II, ch. III, 9.

tive, par cette raison que toute induction suppose un élément de croyance qui échappe à la logique, ne nous semble pas plus exact[1]. En effet, il y a également un élément de croyance dans l'acte par lequel nous admettons les vérités rationnelles; et, d'autre part, on peut se rendre compte des lois que l'esprit doit observer pour discerner la vérité empirique, et séparer ce qui lui est *donné* de ce qu'il ajoute de lui-même, sans se préoccuper de l'acte de croyance nécessaire pour achever la connaissance de la vérité.

Cette distinction des deux sens du mot vérité a été long-temps méconnue. Aux yeux des métaphysiciens dogmatiques la vérité n'est que le développement analytique d'un principe ou idée posée *a priori*. Les divers éléments qui composent le système des vérités ne sont pas réellement distincts, discontinus; ils ne s'ajoutent pas les uns aux autres; ils ne se juxtaposent pas sans se confondre; l'unité du système n'est pas l'harmonie ou le concert d'une pluralité ordonnée. Au contraire, tous sont étroitement reliés entre eux par un lien continu et nécessaire; à vrai dire ils sont identiques, et ne font qu'un. Chaque proposition n'ajoute rien aux précédentes : elle ne fait que mettre au jour ce qui déjà y était contenu. Au fond, toutes ces propositions sont équivalentes entre elles; elles sont de pures identités : la dernière ne diffère de la première qu'au regard d'une intelligence imparfaite qui perd de vue les intermédiaires.

En effet, tout est dans tout. Connaître à fond une seule chose, dit Pascal, ce serait tout connaître[2]; et réciproquement, pour tout connaître, il suffit d'analyser une seule idée. Même les philosophes qui, au point de vue de l'existence, admettent une pluralité essentielle d'éléments, comme

1. RENOUVIER. *Essais de critique générale*, t. II, XXXV, D.; 2ᵉ édit. Paris, 1875.

2. *Pensées*, art. 1, p. 7. Ed. HAVET.

Leibniz, rétablissent dans la théorie de la connaissance, l'unité, l'identité, la continuité : la monade, miroir de l'univers, représente, avec ses propres états, présents, passés et futurs, tout ce qui s'est accompli et s'accomplira dans le monde. Aussi, pour connaître la vérité, suffit-il de s'attacher à une idée bien choisie; de se placer *a priori* en un bon centre de perspective. Dès lors, la route est tracée : l'esprit n'a plus qu'à pousser droit devant lui, en prenant garde seulement de franchir le moindre intervalle : il n'y a pas d'intervalle. Le raisonnement déductif est le seul procédé permis. Si parfois on appelle l'expérience à son aide, c'est parce que, comme dit Descartes[1], du point de vue où l'on est placé, on voit s'ouvrir devant soi une multitude de routes qui toutes ne sont pas également sûres ; l'expérience est un point de repère, non un procédé de connaissance : « elle va au-devant des causes par les effets » ; la vraie science va des causes aux effets. Spinoza, plus hardi, proscrira résolûment l'expérience, et voudra écrire un livre contre elle[2].

A cette doctrine s'oppose, depuis Galilée dans la pratique, dans la théorie depuis Bacon et surtout depuis Kant, une conception toute différente de la vérité. Si Kant se rapproche des métaphysiciens dogmatiques en admettant des principes *a priori*, il est voisin des empiristes en ce que, l'application des catégories n'étant possible en fait, et légitime logiquement, que si une matière est fournie ou donnée par l'expérience, c'est en somme à l'expérience qu'appartient le dernier mot sur la vérité et sur l'erreur. « Toutes les lois « particulières, dit-il, sont sans doute soumises aux caté- « gories, mais elles ne peuvent nullement en être tirées, « puisqu'elles concernent des phénomènes déterminés em-

---

1. *Disc. de la Méth.*, VI.
2. *De I. emend.*, p. 367.

« piriquement. Il faut donc invoquer le secours de l'expé-
« rience pour apprendre à connaître ces dernières lois[1]. »

Il ne s'agit plus ici du développement nécessaire et continu d'une seule idée : la connaissance dépend des occasions
et des hasards de l'expérience. Ce qui fait la légitimité de
la connaissance, ce n'est pas le rapport d'identité qui lie un
terme à un terme antécédent tenu pour vrai ; la connaissance vaut par elle-même, fût-il impossible d'apercevoir ses
relations avec d'autres. On se résigne à ne pas rendre
compte du passage d'une idée à une autre, s'il est prouvé
par les faits que les idées doivent être constamment unies ;
on ne s'épuise pas en vains efforts pour ramener tout rapport de succession à une relation d'identité. Enfin, on ne
suppose plus que la vérité soit tout entière contenue dans
une idée ; elle se dégage peu à peu du pêle-mêle des faits ;
elle entre par fragments dans l'esprit. Nous connaissons *des*
vérités qui suffisent ; si la *vérité* existe, elle n'est plus le
point de départ de la science ; elle en est le point d'arrivée ;
elle en est l'idéal. La science n'est plus une route royale qui
se déroule régulièrement et sans lacune : mais l'esprit humain commence çà et là, partout où il sait qu'elle doit passer,
divers tronçons ; on les réunira après, si on peut.

Que, de ces deux manières d'envisager la vérité, la première soit la plus séduisante pour l'esprit humain, c'est ce
qu'attestent le long règne exclusif de la méthode rationnelle,
la difficulté avec laquelle la méthode expérimentale s'est
imposée dans les temps modernes, enfin la peine qu'éprou-
vent encore à l'appliquer rigoureusement beaucoup de nos
contemporains, j'entends de ceux qui l'invoquent sans cesse
et affectent de la considérer comme seule légitime.

La question est maintenant de savoir si ces deux sortes

1. *Crit. de la raison pure*, analyt. trans., ch. II, sect. II, § 26 ; —
p. 189, t. I, trad. Barni.

de vérités sont logiquement irréductibles l'une à l'autre. Ne peut-on ramener la vérité empirique au type de la vérité mathématique ? Ne peut-on considérer la vérité mathématique comme un cas particulier de la vérité empirique ? — La logique inductive n'est-elle qu'un établissement provisoire destiné à disparaître quand la science sera assez avancée? Au contraire l'ancienne logique doit-elle non-seulement être subordonnée à la nouvelle, mais même, comme le soutient M. Herbert Spencer[1], disparaître devant elle ?

De nos jours, à mesure que les découvertes se multiplient et que les vérités partielles se relient mieux entre elles, on peut prévoir le moment où, les vrais principes ayant été déterminés par l'expérience, on pourra parcourir synthétiquement le chemin que l'analyse aura frayé. Le rêve de Descartes serait réalisé; la physique se construirait comme les mathématiques. — Il y aurait bien des réserves à faire, non sur cette réduction des sciences expérimentales à la forme déductive, mais sur les conclusions que plusieurs sans doute seront tentés d'en tirer sur le fond des choses[2]. — Mais on ne peut contester que le mouvement de la science contemporaine soit dirigé en ce sens et on doit souhaiter que les progrès constants de la science achèvent de rendre possible l'exposition déductive de toutes les vérités conquises. — Cependant cette exposition fût-elle complète, il ne faudrait pas oublier que les principes posés au début ne seraient pas admis *a priori*, mais déterminés empiriquement. De plus, la méthode inductive ne perdrait pas sa valeur propre ; il n'est guère à craindre qu'on en vienne jamais à la considérer comme un procédé inférieur qu'on rejette après s'en être servi.

En revanche, de sérieuses tentatives sont faites de nos

1. *Princ. de psychol.*, VI. 7, 298.
2. Voir ci-dessous, ch. xi.

jours pour réduire la vérité rationnelle à la vérité empirique. — Suivant l'école anglaise, les principes que nous croyons poser *a priori*, dans les mathématiques par exemple, ne sont que des généralisations de l'expérience. En outre, la méthode déductive, à l'aide de laquelle nous en tirons des conséquences, n'a pas, suivant la même école, de valeur propre. En réalité, nous n'inférons jamais du général au particulier, mais seulement du particulier au particulier; le procédé déductif est infécond par lui-même et doit être ramené au procédé inductif.

Nous ne saurions, sans étendre démesurément le cadre de ce travail, exposer et discuter ici ces théories qui touchent aux plus graves questions de la métaphysique[1]. — Il est indispensable pourtant d'indiquer sommairement les raisons qui nous empêchent de souscrire à la théorie associationniste.

Suivant Stuart Mill, si nous disons, par exemple, que deux lignes droites ne sauraient enclore un espace, c'est que jamais l'expérience ne nous a montré deux lignes droites enfermant un espace[2]. — Assurément il en est ainsi, mais il reste à savoir si ce n'est pas précisément en vertu d'une loi de la pensée dont l'axiome est la formule. Si jamais nous n'avons vu d'espace enfermé par deux lignes droites, est-ce parce que, en dehors de nous, aucune partie de l'espace, chose en soi, n'est enfermée par deux lignes droites, autres choses en soi? Ou n'est-ce pas plutôt parce que notre esprit est ainsi fait, que la représentation d'une portion d'espace est incompatible avec celle de deux lignes droites qui l'enferment? — La première alternative peut être admise par les métaphysiciens dogmatiques; elle ne saurait l'être par Mill, qui est idéaliste[3], et croit que les choses ne nous sont

1. Voir LIARD, *Les logic. angl. contemp.*, ch. I et II.
2. *Log.*, liv. II, ch. VII, 3.
3. *Log.*, liv. I, ch. III, 7.

connues que par l'impression qu'elles font sur nous. — Peut-il en être autrement de leurs lois? « Les lois, dit « excellemment Kant, n'existent pas plus dans les phéno- « mènes que les phénomènes eux-mêmes n'existent en soi, « et les premières ne sont pas moins relatives au sujet « auquel les phénomènes sont inhérents, en tant qu'il est « doué d'entendement, que les seconds ne le sont au même « sujet, en tant qu'il est doué de sens[1]. » — Il semblerait pourtant, à voir les termes dont se sert St. Mill, que l'esprit soit un miroir où se reflètent les lois des choses et que ces lois ne soient que l'expression subjective d'une réalité correspondante.

En réalité, nous appliquons spontanément cette loi que deux lignes droites ne peuvent enclore un espace, bien avant de la penser sous sa forme abstraite. Ce n'est pas parce que nous l'avons souvent appliquée qu'elle nous *paraît* nécessaire ; mais parce qu'elle *est* nécessaire, nous l'avons souvent appliquée. Ce qui dépend de l'expérience et du temps, ce n'est pas la loi elle-même, mais l'acte par lequel nous la dégageons des applications particulières: aussi, avant que nous lui donnions cette forme abstraite, peut-il se produire des tâtonnements et des hésitations. Mais en lui donnant ces caractères de nécessité et d'universalité, l'esprit ne fait que la connaître telle qu'elle est; il lui restitue ce qui lui appartient; il se borne à prendre conscience de lui-même.

De même, il n'est pas exact de dire que nous n'inférons jamais que du particulier au particulier. Il peut arriver sans doute que la simple vue du feu, en vertu d'expériences antérieures, éveille en moi l'idée de brûlure, et qu'en présence du feu, je m'éloigne en quelque sorte machinalement.

---

1. *Crit. de la raison pure.* analyt. transcend., liv. I, ch. II, sect. II, 726. t. I. p. 189; — trad. Barni.

C'est ce qui se produit sans doute chez l'animal et aussi chez l'enfant. Mais alors il n'y a même pas d'inférence du particulier au particulier; le premier jugement, où j'ai associé les idées de feu et de brûlure, peut être la *cause*, il n'est pas la *raison* du second. Le lien qui les unit est comme une prémisse cachée dans les profondeurs de l'inconscient; ce n'est pas un lien intellectuel et logique.

Mais il s'en faut de beaucoup que toutes nos inférences se présentent de la même manière. Quand je dis : L'eau rouillera le fer, ce n'est pas seulement parce que, ayant vu autrefois l'eau rouiller le fer, j'évoque actuellement les mêmes idées. Car souvent je forme des jugements que je sais être semblables à des jugement antérieurs, sans pour cela apercevoir entre eux autre chose qu'un rapport de coincidence. Mais dans le cas présent le premier jugement est la preuve, l'argument que j'ai par devers moi et que j'invoque pour former le second. A cette condition seule, il il y a vraiment une inférence. Mais si le premier jugement est une preuve, n'est-ce pas à condition qu'il soit général? L'inférence serait-elle possible, si je n'admettais, au moins implicitement, la constance et l'universalité de la relation représentée?

Dès lors, on ne peut plus soutenir que dans le syllogisme la majeure ne soit qu'un garde-notes, un memorandum. En disant que tous les hommes sont mortels, il est vrai que j'ai aperçu et abstrait certains caractères toujours donnés ensemble dans les objets concrets : je n'ajoute aucun élément matériel, aucune image à ce que l'expérience a fourni; j'ajoute pourtant quelque chose, à savoir la généralité. Quand je forme le genre *hommes*, ce concept est comme un cadre où je laisse une place vide pour tous les êtres qui possèdent les mêmes caractères et que je ne connais pas encore. J'ai pensé clairement à quelques hommes que l'expérience m'avait fait connaître : j'ai pensé en même temps à une mul-

titude confuse d'êtres que je ne distinguais pas, dont j'affir-
mais pourtant quelque chose par anticipation; je les sou-
mettais d'avance aux relations exprimées par le concept.
Je n'y ai pas fait entrer expressément Socrate ou le duc de
Wellington : je sais pourtant que ces personnages, étant
hommes, présenteront les caractères exprimés par le mot
homme. Je le sais assez pour que le syllogisme, que je ferai
plus tard, soit une opération analytique ; je le sais trop mal
pour qu'on puisse dire que ce raisonnement est un cercle
vicieux : la conclusion n'a servi en rien à l'établissement
des prémisses. — Si on compare la proposition universelle
à un registre, au moins faut-il dire que dans ce registre il
y a des pages blanches où sont écrites, comme avec une
encre sympathique, ou, si cette comparaison plaît à Mill[1],
avec une plume de l'archange Gabriel, des notes que nous
possédons à l'avance sans les avoir expressément prises.

Il ne faut donc pas accorder à Mill que la vérité rationnelle ne se distingue pas de la vérité empirique, et que la
logique de la conséquence soit une partie accessoire de la
logique de la vérité. — Il y a deux sortes de vérités, différentes comme les espèces d'un genre. — Il est clair d'ailleurs qu'entre ces deux vérités, il ne saurait y avoir contradiction. Rien n'est vrai en fait, qui ne soit rationnellement
possible.

De même qu'il y a deux sortes de vérités, il y a deux sortes
d'erreurs. A l'erreur rationnelle, ou plutôt, car ce terme ne
conviendrait guère, à l'erreur logique qui est une combinaison de termes inconciliables *a priori*, s'oppose l'erreur
empirique, l'erreur de fait, qui est une combinaison de
termes conciliables *a priori*, mais inconciliables *a posteriori*.
— Les anciens métaphysiciens ne se sont occupés que de la
première : les partisans de la méthode expérimentale doi-

1. *Log.*, liv. II, ch. III, 3.

vent attacher une égale importance à la seconde. On ne
saurait soutenir qu'elle n'est qu'un cas particulier de la
première, sans préjuger arbitrairement une des plus graves
questions de la métaphysique.

III. — Il semble nécessaire de s'occuper d'une difficulté
que présente la théorie de la vérité et de l'erreur qui vient
d'être exposée.

Si le vrai n'est pas une réalité extérieure à la pensée,
une substance, mais consiste seulement en un système de
relations constantes entre des représentations, ne faut-il pas
dire qu'il est relatif à notre esprit, et soutenir avec Protagoras que l'homme est la mesure de toutes choses? Si
l'esprit humain était autre, supposition que nous voyons
faire à chaque instant, la vérité ne changerait-elle pas? Si
l'esprit humain, comme l'admettent les partisans de l'évolution, est, comme tout ce qui existe, soumis à la loi du
changement, la vérité d'aujourd'hui ne sera-t-elle pas l'erreur de demain? Les lois de la pensée ne se modifieront-
elles pas peu à peu, à mesure que les lois des choses, dont
elles sont l'expression subjective, se transforment? Or,
qu'est-ce qu'une vérité soumise au changement? Comment
une doctrine qui attribue à la vérité un tel caractère de
relativité, échapperait-elle au scepticisme ?

Sans doute, en un sens, la vérité est toujours relative,
puisqu'elle est un rapport entre l'esprit qui connaît et la
chose connue. Mais, au moins dans la thèse du dogmatisme,
c'est la connaissance seule du vrai qui est relative ; le vrai,
l'être, est absolu. Si, au contraire, le vrai ne doit pas être
cherché en dehors d'un système de représentations, enfermé
dans ce système, il devient relatif et particulier comme lui.
— S'est-on beaucoup éloigné de la thèse de Protagoras pour
avoir établi que la vérité est relative à l'intelligence, non de
l'individu, mais de l'espèce ?

Peut-être la difficulté s'atténuera-t-elle beaucoup si on cherche à déterminer avec précision ce qu'on peut entendre par un esprit différent du nôtre, qu'on le suppose d'ailleurs réalisé actuellement dans un autre monde, ou réalisable dans l'avenir par voie d'évolution.

D'abord quelque différent que cet esprit soit du nôtre, il doit présenter certains caractères qui lui soient communs avec lui, à moins qu'au mépris des lois logiques les plus essentielles, on ne désigne du même nom des choses radicalement différentes. Or, s'il est une loi constitutive de la pensée humaine, c'est à coup sûr le principe d'identité. Un esprit pour qui ce principe ne serait pas vrai, ne serait pas un esprit. Donc, à tout le moins, les vérités que nous obtenons par voie déductive, les jugements analytiques, ne sauraient être faux pour aucun esprit.

La vraie difficulté est de savoir si les prémisses d'où ces conclusions sont tirées, si les jugements synthétiques pourraient être autres pour un autre esprit. Ces jugements supposent des sensations qui en sont la matière, puis des relations établies entre ces sensations à l'aide des catégories.

Il est aisé de concevoir que les sensations varient; mais tout le monde sait qu'elles ne sont que des signes. La vérité scientifique consiste dans les relations que nous établissons entre elles; or, la même vérité peut être exprimée par des sensations ou des images différentes, comme une même pensée peut, en des langues différentes, être rendue par des mots dissemblables.

Il ne reste plus qu'à chercher si les catégories peuvent différer d'un esprit à un autre. On peut, à cet égard, faire trois hypothèses: Ou bien l'esprit, supposé différent du nôtre, se servant des mêmes catégories, aura de plus à sa disposition d'autres catégories qui nous sont complétement inconnues; ou il se servira seulement de catégories entièrement différentes des nôtres; ou, enfin, ses catégories seront, non-seulement différentes des nôtres, mais contraires aux nôtres.

Dans le premier cas, l'esprit supposé pourra connaître plus de vérités que nous n'en atteignons ; mais ce qui est vrai pour nous sera vrai pour lui. Si notre vérité n'est pas toute la vérité, elle sera pourtant vérité absolue.

Dans le deuxième cas, ce qui est vrai pour nous ne sera pas vrai, mais ne sera pas faux non plus pour l'esprit différent du nôtre. Il resterait d'ailleurs à concevoir comment, si des catégories sont différentes des nôtres au point de n'avoir rien de commun avec elles, on peut encore les appeler des catégories.

Pour le troisième cas, si on suppose un esprit qui pense d'après ce principe : « Aucun fait n'a de cause », ou encore : « Quelques faits n'ont pas de cause », on suppose un esprit qui n'établit aucune synthèse entre ses représentations, une pensée qui ne pense pas.

Un esprit ne saurait donc être entièrement différent du nôtre sans cesser d'être un esprit. Parler d'un esprit différent du nôtre, à moins qu'il ne s'agisse d'une différence de degré ou d'une diversité sans importance dans les sensations, c'est parler d'une chose inintelligible. C'est, suivant une parole de Leibniz, du *psittacisme*. — Ce qui est vrai pour nous est vrai absolument pour toute pensée.

Ce qui explique peut-être l'apparence d'intelligibilité qu'on attribue à l'hypothèse d'esprits radicalement différents du nôtre, c'est que les lois de la pensée nous sont données à titre de faits ; nous ne les déduisons d'aucun principe supérieur. Dès lors, il est assurément permis de les considérer comme contingentes dans leur origine ; nous pouvons admettre qu'elles auraient pu ne pas être ou qu'il aurait pu se produire tout autre chose. C'est la thèse de Duns Scott et de Descartes. Nous pouvons concevoir encore maintenant un changement radical, ou une disparition de la pensée et du monde. Mais s'il y avait un changement radical de la pensée, ce qui lui succéderait ne serait plus la pensée ; ce serait autre chose que la pensée et non une autre pensée. Dès que nous parlons d'esprit ou de pensée, nous introduisons une détermination particulière dans ce monde de possibles que notre imagination entrevoyait auparavant dans une indétermination absolue. A partir de ce moment, nous devons rester d'accord avec nous-mêmes et nous ne pouvons plus admettre, à titre de pensée, autre chose que la pensée, telle que nous l'avons supposée et définie. Il a été, si l'on veut, possible un instant que ce qui devait être la pensée fût tout différent de ce qu'il a été ; il n'en est plus ainsi depuis que la pensée a été déterminée et a pris conscience des caractères essentiels qui la constituent.

Si maintenant la vérité est contingente dans son origine, elle est, sans doute, relative ; mais ce mot est alors pris dans un autre sens que celui où nous l'avons pris jusqu'ici. Ce n'est plus au regard de la pensée humaine, c'est au regard de la volonté qui l'a établie que la pensée est relative. S'il en est ainsi, ou non, c'est une question de métaphysique qu'il est inutile de discuter ici ; il suffit que, par rapport à nous, la vérité soit absolue.

CHAPITRE VI.

De la croyance.

Autre chose est penser le vrai ou le faux, autre chose affirmer ou croire qu'une proposition est vraie ou fausse. Or, quelle que soit en elle-même la nature de la vérité et de l'erreur, la vérité et l'erreur n'existent pour nous que si nous portons des jugements, c'est-à-dire si nous croyons ou si nous sommes certains. Il est nécessaire de chercher en quoi consistent la croyance et la certitude.

Théoriquement, ce qui caractérise la croyance c'est qu'elle peut être vraie ou fausse. Elle est un état purement subjectif; on ne se prononce pas sur la valeur de la chose pensée quand on parle de croyance. — Au contraire, la certitude est définie l'adhésion de l'âme à la vérité. Elle suppose deux conditions : elle est d'abord un état ou un acte du sujet; nous ne reconnaissons pas la certitude dans cette définition de Spinoza qui la considère uniquement comme la connaissance, la possession du vrai, qu'on le sache ou non. Mais cette adhésion de l'âme ne mérite le nom de certitude que si la chose pensée est vraie. Par là, elle diffère de la croyance.

En fait cependant, il ne paraît pas que nous ayons un moyen de distinguer la certitude de la croyance. Ce qui fait la difficulté et aussi l'importance du problème de l'erreur, c'est qu'en bien des cas, nous donnons à des idées fausses cette adhésion pleine et entière que la vérité seule devrait obtenir.

On dit bien que la croyance comporte une foule de degrés tandis que la certitude est absolue. — Parfois on la distingue de la certitude en disant qu'elle est « un acte qui n'affirme

« pas l'existence réelle de son objet en dehors de la pensée,
« mais seulement son existence possible[1]. » Il est des cas
pourtant où le mot croyance désigne une adhésion aussi
entière que le mot certitude, et peut être une adhésion plus
décidée : témoin cette parole du héros de Corneille :

Je vois, je sais, je crois...

Il faut donc faire une distinction entre les divers sens du
mot croyance. Ce mot désigne souvent une tendance à
croire plutôt qu'une croyance. Mais, ainsi entendue, la
croyance n'a pas grande importance, et elle n'est pas sujette à l'erreur. Dire : « Je crois », équivaut souvent à dire :
« Je ne crois pas ». Or, on ne se trompe, dans le sens rigoureux du mot, que si on affirme sans réticence. — D'autre part,
c'est un fait que nous donnons souvent à des idées fausses
une adhésion sans réserve qui, ne pouvant s'appeler certitude, doit être nommée croyance ; et nous ne pouvons,
malgré la plus grande attention, distinguer aucune différence entre les cas où nous sommes réellement certains, et
ceux où, ne l'étant pas, nous croyons l'être. Il est vrai que
le même état que nous appelions certitude au moment où
nous nous trompions, s'appelle croyance quand nous avons
reconnu notre erreur. Mais cette différence, introduite après
coup, n'empêche pas qu'en fait la croyance et la certitude
soient souvent indiscernables.

On a parfois essayé de distinguer la croyance et la certitude ou connaissance en disant que la croyance est la conviction de l'existence d'un objet qui n'est pas actuellement
présent, tandis que la connaissance aurait seulement pour
objet une chose présente[2]. — Mais, comme le fait remarquer St. Mill, tout ce que nous appelons connaissance

1. Ad. Garnier, *Traité des facultés de l'âme*, liv. VI, ch. 1.
2. St. Mill, *Phil. de Ham.*, V.

scientifique devrait passer dans la croyance, car les objets de
la science sont rarement présents. On peut même aller plus
loin, et dire qu'ils ne sont jamais présents. — On peut faire
ici une seconde distinction entre les significations du mot
croyance. Si la croyance porte uniquement sur les phénomènes de conscience, sur les intuitions actuelles, elle n'a
aucune importance scientifique : les sceptiques les plus déterminés ne l'ont jamais mise en doute. Il ne peut y avoir de
question touchant la croyance que si elle a pour objet des
réalités, c'est-à-dire comme on l'a vu ci-dessus, des lois ou
des rapports conçus par l'esprit pour relier les phénomènes
donnés. Mais ces lois ne sont jamais présentes, c'est-à-dire
données, en même temps et de la même façon que les
phénomènes : elles ne peuvent être l'objet d'une intuition
directe.

Stuart Mill [1] réclame deux conditions pour qu'une
croyance soit une connaissance. La première est qu'elle soit
vraie. Personne ne peut élever de contestations sur ce point,
si on juge la croyance du dehors, si on la compare à autre
chose qu'elle-même, dans un autre moment que celui où
elle se produit. Mais subjectivement, il est de l'essence de
la croyance d'être ou de paraître vraie, et la question est de
savoir comment on peut distinguer être et paraître. La seconde condition est que la croyance soit « bien fondée, »
car ce que nous croyons accidentellement, ou sur des preuves insuffisantes, nous ne le connaissons pas. » Rien de plus
juste encore, si on se place au point de vue du métaphysicien ou du logicien. Mais psychologiquement la croyance,
en tant qu'elle est l'acte d'un être réfléchi (et elle ne présente d'intérêt qu'à cette condition), ne se produit jamais
sans raison. On peut croire l'absurde, on ne le croit jamais
parce qu'il est absurde, mais parce qu'on a une raison qu'on

1. St. Mill, *Phil. de Ham.*, V.

considère comme « bien fondée », comme une « preuve suffisante » pour l'admettre. — Quoiqu'on fasse, la croyance et la certitude sont psychologiquement indiscernables.

Est-ce à dire qu'on doive renoncer à la distinction établie par le sens commun et par le langage, et confondre absolument la croyance et la certitude ? — Dès l'instant que la vérité peut être connue, il y a lieu de donner un nom particulier à la croyance qui s'applique à la vérité ; et il est naturel de l'appeler certitude. Seulement il ne faut pas, ainsi qu'on le fait si souvent, considérer les deux éléments qui constituent la certitude comme unis par un lien nécessaire. On peut être certain dans le sens subjectif du mot, sans connaître la vérité.

Peut-être est-il possible de connaître la vérité sans être certain ; en tout cas, ce n'est pas le fait de l'adhésion qui constitue la vérité de la chose pensée : voilà ce qu'il y a de profondément juste dans la thèse de Spinoza. L'adhésion est une chose, la connaissance vraie en est une autre ; la certitude est la réunion, la juxtaposition de ces deux choses : on a tort quand on donne le nom de certitude à un seul de ces éléments.

Il suit de là qu'entre la croyance et la certitude il n'y a pas, comme on l'imagine parfois, une différence radicale, une hétérogénéité complète. La certitude est un cas particulier de la croyance, une espèce de croyance[1]. On peut croire sans être certain ; on ne peut être certain sans croire. Le psychologue n'aperçoit pas de différence entre la certitude et la croyance s'il n'est en même temps métaphysicien. A ses yeux, c'est par une détermination extrinsèque que la certitude diffère de la croyance.

Il ne faut donc pas que la dualité métaphysique des termes

1. Cf. St. Mill : « La croyance est un genre qui comprend la connaissance », ch. v, note. — V. Ch. Renouvier, *Essais de critique générale*, 2ᵉ essai, t. II, xiv, p. 153.

croyance, certitude, employés pour désigner l'adhésion du sujet à la chose pensée nous fasse illusion sur l'unité psychologique de l'acte d'adhésion. La théorie de la certitude, réserve faite de la question de la vérité qui a été traitée pour elle-même, ne se distingue pas de la théorie de la croyance.

Il reste à savoir quelle est la nature de la croyance. C'est là, dit Stuart Mill, « un des problèmes les plus embarrassés « de la métaphysique[1] ».

I. — Rien de plus naturel, au premier abord, que de considérer la croyance comme un fait intellectuel, une manière d'être de l'idée. Il est clair, en effet, qu'on ne peut croire sans penser. Si, comme nous le faisons dans toute cette étude, on entend par croyance l'adhésion réfléchie à une synthèse formée par l'esprit, on ne peut croire qu'à la condition d'exercer les fonctions les plus élevées de l'entendement. Non-seulement il faut, pour croire, être capable de réfléchir en général, mais il faut appliquer en particulier cette réflexion à l'objet de la croyance : car la croyance n'est jamais arbitraire. Personne ne fait appel à la croyance ou à la foi sans donner des arguments bons ou mauvais. La croyance, quoi qu'en disent ceux qui voudraient l'opposer à la raison, ne va jamais sans la raison : et on ne proscrit la raison au nom de la foi qu'après l'avoir invoquée. — Bien plus, à s'en tenir aux données du sens commun, c'est l'intelligence seule qui décide de la croyance. Un homme qui croit, s'il est de bonne foi, considère toujours comme évidentes les choses qu'il croit. Il a la prétention d'agir comme être intelligent, et sa croyance perdrait toute valeur à ses yeux s'il pouvait soupçonner qu'il y entre un élément autre que la pensée.

S'il est impossible de croire sans penser, il ne semble pas non plus qu'on puisse penser sans croire ; la perception

1. *Log.*, liv. I, ch. v, 1 ; liv. IV, ch. III, 32, note.

extérieure, la mémoire impliquent la croyance. La logique distingue sans doute l'opération du raisonnement et l'adhésion que nous donnons, soit aux prémisses, soit aux conclusions ; mais en fait on ne raisonne guère sans croire. La seule faculté intellectuelle qui, d'après l'opinion commune, puisse s'exercer sans croyance, est l'imagination. Encore Dugald Stewart combat-il cette manière de voir. « Je suis « porté à croire, dit-il, après m'être rendu compte avec une « attention réfléchie, de ce qui se passe en moi, que les « actes de conception et d'imagination sont toujours accom- « pagnés de la croyance à l'existence réelle de l'objet qui « les occupe[1]. » Et il cite des exemples qui prouvent clairement que la croyance n'est pas le privilége exclusif des autres facultés intellectuelles, et qu'elle peut au moins être provoquée par des actes d'imagination. Si une image s'impose vivement à notre esprit, comme dans les songes ou dans la folie, nous sommes inévitablement amenés à attribuer une existence réelle à l'objet qu'elle représente.

Il y aurait lieu de faire bien des réserves sur cette identification de l'idée et de la croyance. Percevoir et se souvenir sont sans doute des actes de croyance ; mais nous pouvons, étant données certaines sensations, accomplir toute la partie intellectuelle de l'opération que nous appelons perception sans faire acte de croyance ; c'est ce qui arrive lorsque, en présence d'un objet que nous ne reconnaissons pas immédiatement, nous hésitons entre plusieurs idées ou hypothèses. De même, dans bien des cas, l'idée que nous appelons souvenir quand l'acte de croyance a été accompli, a commencé par être une image apparaissant sans signe distinctif parmi d'autres destinées à n'être jamais que des images. Quant à l'assertion de Dugald Stewart que toute

1. D. Stewart, *Phil. de l'esprit hum.*, ch. iii : trad. Peisse, p. 108. — Cf. *Esq. de mor.*, 1re partie, sect. iv.

image est accompagnée de croyance, elle est vraie ou fausse suivant le sens qu'on donne au mot croyance. Nous l'avons vu : tout phénomène de conscience, par cela seul qu'il occupe la conscience, est réel, et ne peut qu'être représenté comme tel; en ce sens, il est objet de croyance. Je ne puis, par exemple, ayant froid, ne pas croire que j'ai froid. Imaginant un fantôme, je ne puis pas ne pas l'avoir présent à l'esprit, ne pas croire en quelque manière à son existence; et de fait il existe dans ma pensée. Ce mode de croyance n'est jamais trompeur. La seule croyance qui soit sujette à l'erreur est celle qui se produit lorsque nous affirmons avec conscience la réalité objective d'une chose. La croyance réfléchie, que Stewart appelle spéculative, est toute différente de la croyance instinctive; et lui-même remarque qu'elle peut coexister et être en opposition avec elle. Il est vrai que, sous l'influence de cette croyance instinctive, il nous arrive d'agir « comme si nous étions persuadés de l'existence de l'objet sur lequel notre attention se fixe ; or, c'est, » ajoute Stewart, « la seule preuve que les métaphysiciens aient et puissent avoir de la croyance qui accompagne la perception. » — Mais c'est d'après les lois générales de l'union de l'âme et du corps, et d'après les habitudes contractées, c'est en tant que fait de conscience et non en tant que croyance que l'image provoque l'action. Les Écossais n'ont pas assez connu la relation étroite et mystérieuse qui existe entre les mouvements organiques et les représentations de la conscience. Ce n'est donc pas dans les conséquences que tout fait de conscience, quel qu'il soit, chez l'animal comme chez l'homme, entraine immédiatement à sa suite, que les métaphysiciens doivent chercher ce qui distingue la croyance instinctive de la croyance réfléchie. — Or, s'il s'agit de cette dernière, il est certainement possible non-seulement d'imaginer, mais de penser sans croire ; les sceptiques de tous les temps n'ont jamais fait autre chose.

Quoi qu'il en soit, fût-il accordé qu'en fait tout acte de pensée est ordinairement accompagné de croyance, il reste à savoir si la croyance est déterminée uniquement par l'idée, si on croit parce qu'on pense et en proportion de ce qu'on pense. A cette condition seulement on pourrait identifier la croyance et l'idée.

En présence de la diversité des opinions et des croyances chez les différents hommes, dans tous les temps et dans tous les pays, il est bien difficile de soutenir que les idées seules, en tant que faits intellectuels, décident de l'adhésion qui leur est donnée. Les mêmes propositions qui éblouissent les uns d'une clarté irrésistible sont jugées par les autres obscures et arbitraires. Les mêmes principes, posés comme évidents par les uns, sont déclarés absurdes par les autres. — Dira-t-on que cette diversité des croyances vient de la diversité des intelligences, et que si tous les hommes avaient sur les mêmes objets des idées exactement semblables, leurs croyances seraient identiques ? — Mais on ne peut soutenir pourtant que la diversité des intelligences aille jusqu'à l'opposition et la contradiction : ce serait une étrange manière de défendre la certitude que de proclamer l'impossibilité radicale de s'entendre. Que les intelligences soient inégales, c'est ce que personne ne saurait contester : mais de cette inégalité il résulte seulement que les uns comprennent plus vite et les autres moins vite les mêmes choses, mais non pas qu'ils les comprennent autrement. Si la diversité des croyances dépendait uniquement de l'inégalité des intelligences, elle disparaîtrait lorsque, après des explications plus ou moins compliquées, les esprits se seraient élevés au même niveau ; c'est ce qui arrive pour les vérités scientifiques. Mais pour les autres questions, c'est précisément le contraire que nous voyons se produire. On ne peut soutenir que deux adversaires sérieux ne puissent parvenir à se comprendre ; c'est un fait que la plupart du temps, ils

ne parviennent pas à s'entendre. La discussion, loin de di-
minuer la distance qui les sépare, ne fait pour l'ordinaire
que l'augmenter, et les croyances contraires sont d'autant
plus obstinées que les idées relatives aux mêmes choses
sont, après la lumière qui jaillit du débat, devenues plus
semblables.

Il est vrai que le propre et l'essence de toute croyance est
de considérer comme évident l'objet de cette croyance, et
on désigne généralement sous le nom d'évidence une propriété intrinsèque et objective des choses ou des idées telle
que, mise en présence d'un esprit, elle provoque immédiatement l'adhésion[1]. Mais la diversité des croyances nous
éclaire sur la nature de l'évidence et sur la valeur de ce fa-
meux critérium de certitude.

Il y a longtemps qu'on a remarqué qu'à s'en tenir aux jugements humains, il y aurait une vraie et une fausse évidence. « Descartes, disait Helvétius, n'ayant point mis d'en-
« seigne à l'hôtellerie de l'évidence, chacun se croit en
« droit d'y loger son opinion[2]. » En réalité, l'évidence n'appartient pas à la chose pensée : elle est un pseudonyme de
la croyance. Ce n'est pas parce qu'une chose est évidente
que nous la croyons : mais parce que nous la croyons, nous
l'appelons évidente. L'évidence est la croyance même, objectivée, et considérée comme une qualité de la notion, à
peu près de la même manière que la couleur, sensation du
sujet, est attribuée à l'objet. L'expression si souvent em-
ployée : c'est évident, désigne bien plutôt une croyance qui
s'obstine qu'une croyance qui se justifie.

En réalité, si l'idée est toujours nécessaire à la croyance,
ce n'est pas elle qui décide de la croyance. Si elle la provoque, c'est en tant qu'elle est l'idée de tel ou tel individu,

1. Voir le remarquable article *Évidence*, dans le *Dictionn. philos. de
M. Franck*, par M. Ém. CHARLES.
2. *De l'Esprit*, Disc. 1, ch. 1, note.

doué d'une certaine nature, ayant reçu une certaine éducation et contracté certaines habitudes : la valeur persuasive d'une idée vient bien moins de ses qualités intellectuelles que de ses rapports avec le caractère de chaque homme. C'est ce qu'atteste la distinction si généralement admise entre convaincre et persuader. Que deviendrait l'art oratoire si la croyance dépendait de la seule valeur logique des arguments? L'orateur doit sans doute s'adresser à la raison de ses auditeurs, et faire briller à leurs yeux une certaine apparence de vérité. Qui soutiendra qu'il ne fasse pas autre chose? C'est une vérité banale que ce qu'on dit a souvent moins d'influence que la façon de le dire.

En outre, les croyances, de leur propre aveu, dépassent souvent ce qui est compris par la raison. Si, même alors, le croyant a ses raisons pour aller au delà de ce qu'il comprend, il n'en reste pas moins vrai que le principe de cette extension ne saurait se trouver dans la valeur logique des idées. Pour obtenir du croyant qu'il renonce à faire usage de sa raison, il a fallu agir sur autre chose que sur sa raison.

Enfin, il arrive que des hommes croient des choses manifestement contradictoires et absurdes. On voit des superstitions qui jettent à la logique les plus audacieux défis. Que des hommes superstitieux, victimes d'une supercherie, persistent dans leur croyance au moment même où les auteurs de la supercherie dévoilent publiquement les ruses qu'ils ont employées, c'est assurément une preuve que la croyance peut se maintenir en dehors de toute raison; or l'expérience a prouvé qu'il peut en être ainsi[1].

On pourrait dire que ces croyances obstinées ont eu pour origine des raisons plus ou moins sérieuses; puis, à mesure

---

1. Voir dans le *Droit, Journal des Tribunaux*, le curieux procès dit des photographies spirites, n°° 143, 144, 145, les 17, 18 et 19 juin 1875.

que l'habitude les rendait inébranlables, l'intelligence décli-
nait faute d'exercice, au point de devenir comme paralysée ;
elle est arrivée au point de ne plus apercevoir même une contradiction éclatante. La croyance invétérée se maintient alors
en vertu d'une force acquise, et si une croyance plus exacte ne
peut plus se substituer à elle, c'est précisément parce que l'intelligence est devenue incapable d'agir. Bien loin donc que
l'exemple cité prouve que la croyance soit indépendante de
l'intelligence, il montre qu'elle ne peut se produire quand
l'intelligence cesse d'intervenir.

Un pareil cas peut, sans doute, se présenter quelquefois ;
mais cette sorte d'imbécillité intellectuelle ne peut être
que rare. Le plus souvent, il y a un véritable parti pris
qui, de propos délibéré, détourne l'attention de certaines
idées pour s'en tenir à celles qui d'abord ont été adop-
tées. Ce n'est plus alors l'intelligence qui détermine la
croyance, mais la croyance règle l'action de l'intelligence,
et l'obstination de la croyance est cause de l'immobilité
de l'intelligence. — Enfin, nous verrons plus tard comment le désir de croire gouverne l'esprit, et l'oblige, tel
qu'un esclave docile, à chercher et à trouver les raisons
qui, par une sorte de réaction, justifient la croyance qui
les a provoquées et lui servent à se donner le change à
elle-même. .

Cependant, s'il est assez facile d'accorder que la croyance
n'est pas toujours déterminée par la valeur logique de
l'idée, il semble impossible de contester que certaines idées
entraînent nécessairement la croyance. Il est possible que
les idées fausses provoquent quelquefois cette suprême
croyance que nous appelons certitude ; il semble certain
que les idées vraies la provoquent toujours. Platon disait
qu'on ne peut connaître le bien sans l'accomplir ; le sens
commun proclame qu'on ne peut connaître le vrai sans le
croire. Comprendre et croire sont souvent des expressions

synonymes, et la signification de ces deux mots est enveloppée dans celle du mot connaître.

On est un peu surpris de l'assurance avec laquelle tant
de personnes nous parlent de l'invincible, de l'irrésistible
évidence des théories qu'elles soutiennent, lorsqu'on songe
aux nombreux sceptiques qui, de tout temps, ont résisté à
ces clartés et triomphé, du moins ils l'affirmaient, de ces
évidences. De dire, comme on le laisse entendre si souvent,
que ces sceptiques ne sont pas de bonne foi, c'est sortir de
la discussion sérieuse et se mettre sur le chemin du fanatisme et de l'intolérance. Il vaut mieux encore accuser leur
intelligence, et dire qu'ils ne douteraient pas s'ils avaient
mieux compris les choses qu'ils ne croient pas, s'ils s'étaient
placés au centre de perspective d'où la vérité se découvre
et s'impose. Cependant, lorsque ces mêmes hommes préten-
dent s'y être placés, lorsqu'ils nous répondent de telle sorte
que nous n'apercevons aucune différence entre l'idée qu'ils
se font des doctrines que nous leur opposons et celle que
nous en avons nous-mêmes, il devient bien difficile de per-
sister dans la mauvaise opinion que nous avons de leur
esprit. — Peut-être faut-il reconnaître que la croyance ou
l'adhésion est d'une autre nature que l'intellection, si claire
qu'elle soit, et qu'elle ne lui est unie par aucun lien nécessaire.

Mais n'est-ce pas nier la vérité, n'est-ce pas lui retirer son
caractère distinctif et même constitutif que de lui refuser le
pouvoir de s'imposer à la conviction? Pouvons-nous dire
qu'une chose est vraie si nous ne la croyons, et qu'importe
qu'elle le soit, si nous ne pouvons dire qu'elle l'est? Qu'est-
ce que la vérité, si nous pouvons passer à côté d'elle sans la
reconnaître? — Cette difficulté serait insurmontable si,
avant de déclarer que le caractère essentiel de la vérité n'est
pas de s'imposer à la croyance, on n'avait indiqué[1] les carac-

1. Voir ci-dessus, ch. v.

tères logiques auxquels on peut la reconnaître. Sans doute, la vérité n'existe *pour nous* que si nous la croyons; mais enfin ce n'est pas parce que nous la croyons qu'elle existe. Elle existe et nous pouvons la reconnaître; l'ayant reconnue, nous pouvons y croire. Fût-elle incapable d'obtenir notre adhésion, elle ne cesserait pas d'exister. Qu'importe, après tout, qu'elle soit méconnue ou niée par nous? Elle continue à briller, comme le soleil continue à éclairer ses blasphémateurs. Mais rien n'empêche qu'elle obtienne notre adhésion. Si la croyance n'est pas enchaînée à l'idée vraie, elle peut s'y attacher. L'unité de la croyance et de la vérité, qui est la certitude, si elle n'est pas immédiate, peut résulter de l'union des deux éléments; la certitude, pour n'être pas fatale, n'est pas moins réelle et légitime.

Seulement, il faut avoir le courage de le reconnaître, la certitude n'est pas un état dans lequel nous nous trouvons sans savoir comment. Elle n'est pas impersonnelle. Nous sommes pour quelque chose, non-seulement en tant qu'êtres pensants, mais comme individus, dans la certitude scientifique aussi bien que dans nos croyances. La seule chose qui soit vraiment indépendante de nous, c'est la vérité; la certitude ne l'est jamais.

C'est ce dont il est aisé de se rendre compte si on examine les connaissances qui passent pour les plus certaines, au sens ordinaire du mot, et dont on dit qu'il est impossible de les contester; telles sont les assertions relatives à notre propre existence, à celle du monde extérieur, à celle des vérités mathématiques.

S'il est une croyance qui paraisse réaliser le type de la certitude fatale, c'est la croyance à notre propre existence, le *cogito, ergo sum* de Descartes. Cependant cette reconnaissance de nous-mêmes par nous-mêmes n'est précédée ou motivée par aucun acte intellectuel. Dans ce fait primitif, l'idée et la croyance sont données en même temps, et rien n'autorise à dire que l'une précède l'autre. Descartes dit bien qu'il croit à cette vérité parce qu'elle est claire et distincte, mais il ne s'avise de cette remarque qu'après coup[1]. Il a commencé par être certain, c'est-à-dire par croire; c'est plus tard qu'il a cherché la raison de sa croyance. Sa croyance, immédiatement posée, n'est pas la conséquence d'une idée.

Mais au moins, une fois posée comme objet de pensée, cette croyance s'impose-t-elle nécessairement? — Il faut distinguer[2]. Si on attribue au mot *sum* un sens purement subjectif, la croyance est nécessaire aussitôt que *cogito* est donné. Mais il s'agit alors de cette croyance phénoménale, qui est le plus bas degré de la croyance et que personne ne conteste. — Si le mot *sum* a une valeur objective, s'il désigne l'être par opposition aux phénomènes, la croyance est si peu nécessaire qu'elle a, depuis Descartes, été souvent contestée. Il y a un passage du subjectif à l'objectif dont on ne donne aucune raison et qui est un acte d'autorité.

De même, si à propos du monde extérieur on distingue la simple apparition des phénomènes dans la conscience de la croyance à la réalité, lorsqu'elle a cessé d'être perçue, il n'existe aucun moyen rationnel d'arracher leur assentiment à ceux qui le refusent. A ceux qui s'obstinent à se représenter l'enchaînement des faits comme un rêve bien lié, nous ne savons quel argument décisif on pourrait opposer. On a beau répéter avec le sens commun que cette réalité est évidente; on ne fait rien de plus que d'affirmer sa propre croyance sans forcer celle d'autrui. Il reste bien à montrer qu'en fait un tel scepticisme ne peut se maintenir. Cet argu-

1. *Méth.*, p. IV.
2. V. Ch. RENOUVIER, *Essais de critique générale*, 21e essai, t. II, XV, p. 207.

ment revient à dire qu'il faut croire si l'on veut agir dans le monde. C'est une raison, si l'on veut, mais une raison qui n'éclaire pas l'esprit; l'argument est d'ordre purement pratique; ce n'est pas en tant qu'idée qu'il obtient l'adhésion, s'il l'obtient. — A ce titre, il est singulièrement propre à nous éclairer sur la vraie nature de l'acte de croyance.

Est-il possible de ne pas croire aux vérités mathématiques? Assurément, au moment où nous les pensons, où nous avons conscience de l'impossibilité subjective où nous sommes de les modifier, on ne peut dire que nous ne leur accordions pas une sorte d'assentiment. Mais Descartes, qu'on n'accusera pas de scepticisme en pareille matière, se demande ce qui nous les garantit après que nous avons cessé d'y penser. Et c'est parce que la nécessité intellectuelle avec laquelle elles s'imposent à notre pensée ne lui paraît pas une garantie suffisante qu'il a recours à la véracité divine. Autre chose est penser les vérités mathématiques; autre chose les croire, et nous pouvons les penser sans les croire. Le scepticisme transcendantal ne fait pas autre chose; et lorsqu'il concevait l'hypothèse de son malin génie, Descartes se trouvait précisément dans cet état où l'on pense des vérités sans leur accorder une complète adhésion.

Il n'y a donc pas de croyance nécessaire et fatale, provoquée par les propriétés intrinsèques des idées. En fait, il est juste de reconnaître que certaines idées, celles qui sont vraies dans le sens qui a été défini, obtiennent ordinairement l'adhésion de tous les esprits; mais rien ne nous autorise à ériger le fait en droit et à dire qu'elles doivent toujours l'obtenir. La croyance est autre chose que la connaissance. S'il est nécessaire de comprendre pour croire, il ne suffit pas de comprendre pour croire. — Une intelligence pure, si elle était possible, ne croirait à rien. Elle enchaînerait ses représentations d'après ses lois, mais la distinction du vrai et du faux ne s'imposerait pas à elle : elle se complairait en quelque sorte dans l'éternelle contemplation des possibles.

II. — Si la croyance est autre chose qu'un fait intellectuel, est-ce par la sensibilité qu'il faut l'expliquer? Que la croyance dépende du sentiment autant ou plus que de l'intelligence, c'est ce que reconnaît le sens commun. On croit facilement ce qu'on désire, ce qu'on craint, ce qu'on espère. Pascal distinguait avec raison « ces deux portes », l'esprit et le cœur, par où les opinions sont introduites dans l'âme, et il soutenait que « l'art de persuader consiste autant en celui d'agréer qu'en celui de convaincre[1] ». C'est ce que ne contestera aucun philosophe qui tiendra compte de la diversité des croyances et de la dépendance où elles sont vis-à-vis de l'éducation et des coutumes.

A vrai dire pourtant, le sentiment ne décide pas immédiatement de la croyance; il agit indirectement sur l'esprit en l'attachant de préférence à certaines idées[2]. Il prépare la croyance plutôt qu'il ne l'achève; il la sollicite sans la fixer. Nous essaierons plus tard de montrer en quoi consiste cette influence du cœur sur l'esprit[3].

On ne peut pas dire que la croyance en elle-même soit un sentiment. Peut-être ne se produit-elle jamais sans que notre sensibilité soit à quelque degré intéressée, mais en elle-même elle n'est pas un fait de l'ordre affectif. Il n'y a rien en elle qui soit analogue au plaisir et à la douleur. Aimer et croire sont deux choses, souvent unies en fait, mais qu'on ne saurait confondre logiquement. La manière d'être toute subjective que nous appelons sentiment ne peut, d'elle-même, devenir cet acte de croyance par lequel

1. *De l'Art de persuader*. Ed. HAVET, t. II, p. 298.
2. Cf. STUART MILL., *Log.*, liv. V, ch. I, t. II, p. 298 : « Il faut, pour « que le penchant triomphe, qu'il fausse l'intelligence. »
3. Voir ci-dessous, ch. IX.

le sujet se dédouble, détache en quelque sorte de lui-même sa propre pensée et la pose en face de lui comme une réalité distincte.

Il sera bien plus juste de dire avec Descartes que ıa croyance est un acte de volonté.

Dans sa discussion de la preuve ontologique de l'existence de Dieu, Kant a nettement marqué la différence radicale qui sépare ce qui est conçu de ce qui est réel. « L'être est « simplement la position d'une chose ou de certaines déter- « minations en soi[1]. » — Vainement Descartes a prétendu déduire l'existence de l'essence ; elle est d'une tout autre nature, et si on l'ajoute à l'essence, il faut bien savoir que ce n'est pas un prédicat logique dont on enrichit ses concepts ; par rapport à la pensée, il n'y a rien de plus dans ce qui est réel que dans ce qui est conçu. « Quand je conçois « une chose..., par cela seul que j'ajoute que cette chose « existe, je n'ajoute absolument rien à la chose. Autrement il « n'existerait plus la même chose, mais quelque chose de plus « que je n'ai pensé dans le concept, et je ne pourrais plus dire « que c'est exactement l'objet de mon concept qui existe[2] ». — Cette théorie est conforme à celle de Descartes pour tous les concepts autres que celui du parfait, en faveur duquel le philosophe français a cru pouvoir faire une exception.

Or, si la réalité étant objet d'expérience, ne dépend pas de nous, elle n'existe du moins pour nous que si, par un acte de croyance, nous la posons comme telle. Elle se pose, si l'on veut, d'elle-même dans notre expérience, mais elle n'existe pour une conscience réfléchie que si, la traduisant en quelque sorte dans notre propre langage et consacrant cette première donnée, nous la posons à notre tour comme réelle. L'acte de croyance est, dans la sphère de la conscience,

---

1. KANT, *Crit. de la raison pure*, Dialect. transcend., ch. III, sect. IV. (Trad. Barni, t. II, p. 192.)

2. KANT, *Ibid.* — Cf. P. JANET, *les Causes finales*, liv. II, ch. IV, p. 578.

l'équivalent et le symbole de la position des choses dans l'expérience ; et entre la croyance et le concept il y a la même hétérogénéité qu'entre le réel et le concept. — Or, si nous voulons donner un nom à cet acte conscient par lequel nous posons une réalité, nous ne pouvons l'appeler autrement que volontaire.

Spinoza disait que l'idée n'est pas une chose muette et inerte, comme un dessin tracé sur un tableau, mais une chose active et vivante. — Rien de plus vrai si on considère ce qui arrive dans la plupart des cas : il est rare en fait qu'une idée ne soit point accompagnée de croyance. — Il ajoutait que l'idée et l'affirmation, quoique toujours unies, sont logiquement hétérogènes. Sur ce point encore sa doctrine semble irréprochable : penser et croire sont deux choses irréductibles l'une à l'autre. — Seulement il soutenait que l'idée et l'affirmation, l'intelligence et la volonté sont en réalité deux aspects d'une même chose ; nous avons montré que l'union n'est pas aussi étroite. Descartes avait bien vu que la croyance n'est pas toujours liée à l'idée par un rapport nécessaire : elle peut en être distinguée en fait, et non pas seulement au point de vue logique.

Maintenant, Descartes ne se représentait pas la volonté comme une puissance indifférente qui se manifeste arbitrairement au milieu des phénomènes. Il savait bien que nous n'avons jamais conscience d'un acte de volonté pure. L'indifférence ne serait pour lui que le plus bas degré de la liberté ; il n'y a jamais d'ailleurs d'indifférence complète. La volonté ne se manifeste qu'à l'occasion d'une idée présente dans la conscience. Mais si l'apparition de l'idée est la condition de l'acte volontaire, elle n'en est pas la condition suffisante. La volonté s'affranchit de l'idée, la dépasse et la domine, puis réagit sur elle pour la maintenir ou l'écarter, pour la fuir ou s'y attacher, pour l'affirmer ou la nier. Cette action de la pensée sur elle-même est autre, à coup sûr, que la simple intellection, qui, en dernière analyse, est toute passive.

Bien plus, les cartésiens n'ont jamais conçu la volonté, ainsi que nous le faisons si souvent, comme une force capable de mouvoir les corps, analogue à ce qu'on a quelquefois appelé la force motrice. Comment l'auraient-ils conçue, puisque jamais l'âme n'agit directement sur le corps? La volonté, pour eux, est une fonction purement idéale : elle n'a pour objet que des représentations; elle est, et elle est uniquement le caractère distinctif de certaines idées en tant qu'elles sont actuellement immobilisées, posées dans la conscience. Si des mouvements organiques en résultent, c'est en vertu de lois générales, par une sorte d'harmonie : la volonté n'en peut être cause qu'indirectement. En disant que la volonté consiste uniquement à affirmer ou à nier, Spinoza n'était pas infidèle à la pensée du maître.

La volonté ainsi définie, on comprend comment il est possible, sans recourir à l'hypothèse inintelligible d'une volonté inconsciente, que nous ne nous rendions pas toujours compte du caractère volontaire de la croyance. Cet acte est comme enveloppé et dissimulé dans l'idée qui en est l'occasion. Connue seulement au moment où elle est achevée, où elle devient objet de pensée, la croyance apparaît comme faisant corps, si on peut dire, avec l'idée.

Par là aussi on trouve moyen de répondre à l'objection banale qui se présente immédiatement contre la théorie de la croyance volontaire : on ne croit pas ce qu'on veut. — A coup sûr, il ne suffit pas de vouloir croire une chose pour la croire. Le caractère volontaire étant une chose que l'idée acquiert, ne saurait la précéder. S'il n'y a pas une idée, ou plutôt un ensemble de représentations liées entre elles, la croyance n'apparaîtra pas. Mais, d'un autre côté, il ne suffit pas que l'idée apparaisse dans la conscience pour devenir une croyance. Elle peut y demeurer longtemps sans prendre cette position, sans revêtir ce caractère qui en fait une croyance. L'intelligence commence la croyance, la volonté l'achève. La croyance n'est pas arbitraire, puisqu'elle suppose un certain travail de l'intelligence. Pourtant elle n'est pas une pure idée, puisqu'elle suppose que l'œuvre de l'intelligence est finie. Croire, c'est, après avoir pensé, arrêter la pensée et en fixer le résultat. — En un mot, il ne suffit pas de vouloir pour croire, mais on ne croit que parce qu'on veut.

Au reste, il ne serait pas paradoxal de soutenir qu'on peut arriver, à la lettre, à croire ce qu'on veut [1]. Nous montrerons plus loin comment la volonté, en s'arrêtant de préférence sur certaines idées, exclut toutes celles qui les contredisent, et laisse seulement paraître celles qui s'accordent avec elles. L'habitude intervient ensuite, qui achève ce que la volonté avait commencé. Les idées que nous avons d'abord appelées, à mesure qu'elles se présentent plus souvent à nous, nous deviennent comme étrangères; il semble qu'il y ait quelque chose d'extérieur à nous et qui s'impose dans cette seconde nature que nous ne nous souvenons plus d'avoir faite ; la croyance s'objective et nous devenons dupes de nous-mêmes. A considérer les nombreuses erreurs et les invraisemblables croyances auxquelles tant d'hommes et tant de peuples se sont attachés, on ne peut dire qu'il soit impossible, avec le temps, d'arriver à croire soi-même ou à faire croire aux autres ce qu'on veut.

Le caractère volontaire de la croyance est implicitement reconnu par ceux qui considèrent la foi comme donnée par une faveur ou une grâce divine. Que cet acte soit personnel, comme nous le disons, ou qu'il soit provoqué par une influence d'en haut, il n'en reste pas moins que la croyance s'explique par une volonté.

1. V. F. PILLON, *De la place de la morale en philosophie.* (*Crit. philos.*, 1ᵉ ann., p. 337 et 354.)

C'est pourquoi encore nous considérons si souvent les hommes comme responsables de leurs croyances. Nous leur en faisons un mérite ou nous les en blâmons, chose inexplicable si nous n'avions au moins le sentiment confus de ce qu'il y a de libre et de personnel au fond de toute croyance.

Pour la même raison encore nous défendons nos croyances avec tant de susceptibilité et de passion. Nous nous bornons à sourire si on conteste les vérités de la science, nous nous indignons si on attaque notre foi. Pourquoi? sinon parce qu'étant notre œuvre elle est pour ainsi dire quelque chose de nous-mêmes, et qu'en l'adoptant nous l'avons marquée du sceau de notre personnalité.

De même nous sommes plus fiers de réussir à faire partager aux autres nos croyances que de leur enseigner une vérité. Il ne s'agit plus alors, en effet, d'un succès obtenu par la logique; c'est une victoire personnelle que nous remportons.

Il n'est pas jusqu'au sens dubitatif du mot croire qui ne témoigne du caractère personnel de la croyance. En disant : Je crois, pour marquer une simple probabilité, on montre bien que l'on fait une distinction entre la vérité certaine et indépendante de nous, et la proposition douteuse qui n'acquiert une éphémère probabilité à nos yeux que parce que nous le voulons ainsi.

Il est vrai que bien des difficultés peuvent être soulevées par les déterministes sur la question de savoir si l'acte de croyance est libre. En admettant que l'adhésion ne dépende pas exclusivement de l'idée, elle est attachée, diraient-ils, aux sentiments et aux désirs du sujet, et on pourrait prévoir sûrement à quelles croyances s'arrêtera un homme si on connaissait toutes les conditions psychologiques dans lesquelles il se trouvera à un moment donné. — Mais c'est là une affirmation *a priori* qui n'est susceptible d'aucune démonstration directe, puisqu'on avoue l'impossibilité de con-

naître toutes les circonstances. Le fait même qu'on ne peut
les déterminer laisse toujours place à l'hypothèse qu'une
de ces circonstances est un acte individuel qui, indépendamment des antécédents, détermine l'assentiment. Ni les vio-
lences physiques, ni les démonstrations les plus satisfaisantes,
ni les exhortations les plus pathétiques ne peuvent se flat-
ter de vaincre à coup sûr les hésitations d'une volonté ; tout
ce qu'on a écrit sur la liberté de conscience le prouve suffisamment. Il est donc naturel d'admettre, avec le sens commun, que dans le for intérieur de chacun de nous il y a un
principe individuel, un facteur personnel qui se détermine
librement.

Si on ne peut prouver directement, en fait, qu'un tel facteur n'existe pas, dira-t-on, d'après des raisons générales de
métaphysique, qu'il ne saurait exister ? — C'est une question qui sera discutée plus loin. En attendant, nous pouvons
admettre la réalité du libre arbitre comme une donnée de
l'expérience.

III. — Mais, si la croyance est un acte volontaire, si
d'autre part il est admis que toute certitude est un acte de
croyance, ne faut-il pas avouer que nous ne connaissons
jamais la vérité telle qu'elle est, mais telle que nous la faisons ? — Dire que la vérité est relative à notre faculté de connaître, c'est, au moins en apparence, reprendre la thèse de Protagoras et revenir au point où était la sophistique ancienne.
Dire que la croyance est relative à notre volonté, n'est-ce pas
reculer les limites du scepticisme lui-même ? n'est-ce pas, si
l'on a la foi lourde, ressembler à ces sauvages qui façonnent
de leurs mains les idoles qu'ils adorent, et, si l'on est dilet-
tante, n'est-ce pas prendre parti pour ce scepticisme transcendantal qui se joue de toutes les croyances humaines, et, indifférent à tout, les suit d'un regard à la fois curieux et
moqueur ? — A parler sérieusement, ne faut-il pas que la

croyance, si elle est sincère et digne de son nom, s'impose à nous et soit impersonnelle? Croirons-nous vraiment, dans le secret de nos cœurs, s'il est avéré que nous sommes pour quelque chose dans nos croyances, et n'y aura-t-il pas toujours au fond de nos consciences un spectateur sceptique qui se détachera du croyant bien intentionné que nous voulons être, et sera, quoi que nous fassions, notre véritable *moi*? La croyance est-elle possible sans un certain abandon de soi-même, sans une sorte de naïveté? N'est-elle pas l'état d'une âme subjuguée par la vérité et qui s'oublie? C'est du moins ce que pensaient tous les philosophes qui ont cru à la légitimité de la certitude. Dans l'ordre de la science, il n'y avait point pour eux de certitude tant qu'il était possible, non pas logiquement, mais psychologiquement et en fait, de conserver un doute. Dans l'ordre des croyances morales, philosophiques et religieuses, la poursuite était plus difficile sans doute, mais le but était le même. Ce que cherchaient les plus illustres penseurs et les plus sincères, un saint Augustin, un Pascal, un Jouffroy, ce qu'ils poursuivaient sans relâche, avec quelle ardeur inquiète et quelles angoisses, ils nous l'ont dit en des pages immortelles, c'était une vérité qui brillât à leurs yeux d'un tel éclat qu'il leur fût impossible de n'en être pas éblouis. On les aurait scandalisés si on leur avait dit que le croyant doit se prêter à sa croyance, aller au-devant d'elle au lieu de l'attendre, la créer au lieu de la recevoir toute formée. — S'incliner à croire, solliciter soi-même son adhésion, n'est-ce pas mentir à sa conscience? Une telle croyance, si elle était possible, ne disparaîtrait-elle pas au moment où elle naîtrait, et cette certitude factice que nous nous donnons ne serait-elle pas la suprême incertitude?

On résoudra peut-être cette difficulté en rappelant la distinction très-légitime qui sépare la certitude scientifique et les croyances morales, philosophiques et religieuses. — Si ces différents états de l'âme sont identiques dans l'acte de conscience qui les constitue, et par rapport à l'agent en qui ils se produisent, personne ne conteste qu'ils diffèrent profondément par leurs objets.

La certitude scientifique s'applique à des synthèses qui ont pour caractère de s'imposer nécessairement à l'esprit, sinon à la volonté, c'est-à-dire d'être à chaque instant vérifiables *a priori* ou *a posteriori*. La croyance, au contraire, a pour objet des synthèses, vraies peut-être, mais non pas immédiatement vérifiables, et qui, par suite, ne s'imposent pas à l'esprit avec nécessité. Il est vrai que le propre de la croyance est d'attribuer cette nécessité à son objet ; mais que ce soit là une nécessité factice, subjective, c'est ce qu'atteste la diversité des croyances chez des personnes de bonne foi, et l'impossibilité où elles sont de se mettre d'accord.

Dès lors, nous pouvons adhérer, par un acte volontaire, à la vérité scientifique sans que la vérité perde rien de son caractère absolu et indépendant. Notre assertion ne la réalise pas en elle-même, mais seulement pour nous. Je puis savoir que c'est par un acte libre que je crois à mon existence, à celle des choses sensibles, aux vérités mathématiques, sans que la valeur de ma croyance soit le moins du monde infirmée. Je me rends compte seulement par là que je fais de ma volonté un usage légitime et raisonnable ; libre de choisir entre tant d'assertions extravagantes et désavouées par la raison, que d'autres ont admises et admettent encore, je m'attache de préférence à celles que ma raison approuve. Je mets en équilibre, j'accorde entre elles mes diverses facultés, je me complète moi-même en voulant, comme être libre, ce que je suis forcé de penser comme esprit. La suprême perfection consistait, pour les stoïciens, à comprendre le but que la raison divine s'était marqué, et à vouloir ce que voulaient les dieux. Ils ne se croyaient pas pour cela les auteurs de ce que les dieux avaient voulu et réalisé.

Les croyances morales, ou plutôt l'unique croyance morale, l'affirmation du devoir, présente un caractère tout différent. Pourtant, à y regarder de près, elle ne le cède en rien à la certitude scientifique, et ce n'est pas croyance, mais certitude qu'il faut l'appeler. Croire au devoir, en effet, ce n'est pas seulement en avoir l'idée, c'est l'affirmer comme une règle réelle et s'y soumettre. La croyance présente ici ce caractère unique qu'elle réalise elle-même son objet. En reconnaissant sa loi, la volonté la fait sortir du monde idéal; et comment douterait-elle de sa loi après qu'elle-même se l'est donnée? Cette croyance, il est vrai, est un acte libre; elle est l'acte libre par excellence. Rien ne peut nous forcer à croire au devoir; les plus beaux raisonnements du monde ne peuvent que solliciter la croyance, ils sont impuissants à la déterminer. Dans la position inexpugnable où il s'est retranché, le sceptique peut répondre par une fin de non-recevoir ou par un sourire à toutes les sommations, tant qu'il n'a pas le courage de prendre sur lui d'affirmer, et de sortir du doute par un acte de libre croyance. Combien d'hommes, sans parler même des philosophes, qui sont sceptiques par indolence! C'est bien à tort qu'on considère le scepticisme comme la défiance d'un esprit qui se tient sur ses gardes. Le plus souvent il n'est qu'une forme de la paresse.

Mais l'acte de croyance, une fois accompli, se suffit à lui-même et peut braver tous les démentis de l'expérience. Quoi qu'il arrive dans le monde, il n'arrivera jamais que qui veut se soumettre au devoir ne s'y soumette. De là l'impassible sérénité du sage. Loin que l'intervention de la volonté diminue la croyance, c'est précisément parce qu'elle est et se sait libre que la foi est indomptable.

Bien plus, c'est sur cette certitude morale que repose, en dernière analyse, la certitude scientifique. Si cet équilibre et cet accord de la volonté et de la raison qui constitue la vraie science, est légitime à nos yeux, et si nous pouvons nous y complaire, c'est que, clairement ou confusément, en l'avouant ou sans l'avouer, nous sentons qu'il est conforme à la loi de notre vie morale. Si nous l'appelons un bon usage de nos facultés, c'est que nous introduisons un élément moral dont la nécessité extérieure ne saurait rendre compte. Leibniz, parlant en métaphysicien, disait qu'il y a du moral jusque dans le géométrique. A plus forte raison peut-on dire qu'il y a du moral dans l'adhésion que nous donnons aux vérités scientifiques.

Il n'en est plus de même pour les croyances philosophiques ou religieuses; elles ne suffisent pas à réaliser leur objet, et c'est bien à elles qu'il faut décidément réserver le nom de croyances. — Mais, par là même qu'on leur donne ce nom, on reconnaît qu'elles présentent toujours un caractère subjectif, personnel et volontaire. Sans doute, presque toujours les philosophes et les croyants ont attendu que l'objet de leurs croyances se présentât à leur esprit avec un caractère d'irrésistible évidence tout à fait semblable à celle des vérités scientifiques. Mais, après tant d'efforts, peut-on dire qu'ils y soient parvenus? et s'ils n'y sont pas parvenus, qui donc y parviendra? S'ils ont échoué dans leur entreprise, n'est-ce pas parce qu'elle était impossible? Ils le sentaient peut-être, et s'ils ont éprouvé de si cruelles angoisses dans la poursuite du vrai, n'est-ce pas parce que chaque fois qu'ils tendaient la main pour saisir la vérité, ils comprenaient qu'ils n'étaient pas désintéressés et qu'ils mettaient quelque chose d'eux-mêmes dans leur croyance? Et ces âmes généreuses, se refusant à faire l'acte de volonté que pourtant elles provoquaient sans relâche, victimes à la fois de leur loyauté et de leurs préjugés, se déchiraient elles-mêmes et épuisaient leurs forces dans une lutte sans issue.

Lors même que ces hommes parvenaient à leurs fins, l'exagération et la passion de leurs nouvelles croyances semblaient indiquer qu'ils se sentaient peu sûrs de leur victoire; ils se répandaient en paroles et en affirmations décidées, n'osant peut-être pas scruter le fond de leurs consciences ; ils s'enivraient de certitude à peu près comme on entend chanter dans les ténèbres les hommes qui ont peur. Qui dira jamais les sentiments intimes de celui qui a écrit : « Cela vous fera croire et vous abêtira » ? Qui dira si sa croyance a été décidément victorieuse, si sa raison a subi le joug que sa volonté lui imposait, et s'il a pu y renoncer sans la perdre ?

Si c'est là qu'il faut en venir, pourquoi ne pas le faire de bonne grâce ? pourquoi s'imposer cette contrainte inutile de ne pas s'avouer qu'on est l'auteur de sa propre croyance ? Elle restera personnelle, sans doute, et on le reconnaîtra ; on perdra l'illusion de l'absolu. Qu'importe, après tout ? Si ces croyances ne sont pas vraies de la vérité scientifique, rien ne prouve qu'elles soient fausses, et le fait qu'il est impossible de les vérifier prouve aussi bien contre ceux qui veulent les interdire à tous que contre ceux qui veulent les imposer à tous.

Est-ce à dire que toutes ces croyances, étant volontaires, sont d'égale valeur et qu'il faut renoncer à faire un choix raisonnable parmi elles ? Nous sommes loin d'une telle pensée. Il y a des croyances extravagantes et absurdes ; la logique ne perd pas ses droits vis-à-vis d'elles, et elle doit les condamner chaque fois qu'elles sont contradictoires en elles-mêmes, ou qu'elles contredisent des faits avérés. S'il n'y a pas ici de critérium de la vérité, il y a du moins un cri-térium infaillible de l'erreur. S'imaginer que la croyance libre a des priviléges lorsqu'elle s'applique aux choses phi-losophiques et religieuses, opposer la croyance à la raison en ce sens qu'il serait légitime de croire, non ce qui est in-vérifiable ou même incompréhensible, mais ce qui est con-tradictoire, c'est sortir de la logique et se pervertir soi-même. La volonté sans frein qui échappe à toute raison et s'attache arbitrairement aux fantômes qu'elle évoque peut bien se poser comme une réalité ; elle n'a plus le droit de parler de sa légitimité. En fait, on ne peut pas plus empêcher de telles croyances de se produire qu'on n'empêche les assertions extravagantes en matières scientifiques; logiquement, elles n'ont aucune valeur aux yeux des esprits éclairés.

Mais rien n'empêche l'homme raisonnable de s'attacher librement à des propositions qui, sans être nécessairement vraies pour l'esprit, ne contredisent du moins aucune vérité certaine. C'est ici le domaine de la libre croyance. S'il est vrai, comme nous avons essayé de le montrer, que ce qui décide de la croyance et de la certitude à tous les degrés, c'est bien moins la valeur intellectuelle et logique des choses pensées que la libre spontanéité du croyant, pourquoi la même volonté ne pourrait-elle s'exercer encore là où les preuves positives manquent pour l'esprit? pourquoi ne pourrait-elle suppléer à l'insuffisance logique des preuves? Si l'esprit est borné, il ne s'ensuit aucunement que la volonté soit enfermée dans les mêmes limites. Descartes disait qu'elle est infinie. Elle reste fidèle à sa nature en prolongeant au delà de l'expérience et du monde présent les lignes de la connaissance actuelle, et pourvu qu'elle ne détruise aucune des vérités démontrées, la plus sévère logique n'a rien à lui reprocher.

Ici donc encore, tout en étant libre, la croyance ne cesse pas d'être légitime. Et il est bon qu'elle se sache libre, car ce n'est guère qu'à cette condition qu'elle pourra se tracer à elle-même les limites qu'elle ne doit pas franchir, et respecter chez les autres la liberté qu'elle revendique pour elle-même.

En résumé, la certitude est toujours un acte de croyance; et la croyance, si elle suppose toujours une idée présente à l'esprit et un sentiment qui nous incline à l'adopter, est essentiellement un acte volontaire.

Cet acte est libre. Ni la clarté logique de l'idée, ni l'intensité du sentiment ne suffisent pleinement et infailliblement à le déterminer. La certitude n'est jamais une adhésion forcée; elle n'est pas la victoire que la raison emporte sur la volonté; elle résulte de l'union harmonique, spontanée, morale en dernière analyse, de la raison et de la volonté.

La même adhésion peut être donnée à l'erreur. On peut être ou se croire certain du faux comme on l'est de la vérité. Psychologiquement et au moment où elle est admise, la croyance fausse ne diffère pas de la croyance vraie.

L'erreur, en tant qu'on considère l'acte de croyance qui la constitue, est donc une chose positive. Nous nous trompons parce que nous sommes libres. — C'est ce que Descartes avait dit; il faut seulement étendre la pensée de Descartes et reconnaître que cette liberté ne subit aucune contrainte, pas même celle des idées claires.

A l'origine, l'esprit humain ne fait aucune distinction entre ces trois choses : l'être, l'idée et la croyance. — Les peuples primitifs attribuaient une réalité même aux fantômes du rêve et les croyaient envoyés par les dieux. On ne pense pas ce qui n'est pas, disait-on encore au temps de Platon. — De même, on croit tout ce qu'on pense. Platon ne songe même pas à distinguer la croyance de la simple représentation, et de nos jours bien des esprits admettent encore l'identité de la croyance et de l'idée.

La découverte de l'erreur a brisé cette unité. Il faut bien reconnaître que l'esprit humain, sujet à l'erreur, pense parfois ce qui n'est pas, de quelque manière d'ailleurs qu'on entende ce non-être. Le sujet se distinguant ainsi de l'être, acquiert une existence indépendante : il existe pour lui-même. Longtemps encore, il est vrai, on se persuade que le sujet peut, en certains cas, pénétrer en quelque sorte l'objet et, s'identifiant avec lui, reconstituer l'unité primitive; mais la critique fait disparaître cette dernière illusion. La chose en soi, si elle existe, échappe à toute prise directe de la connaissance ; c'est un dualisme irrémédiable qu'il faut reconnaître entre elle et la pensée.

Cependant, cette manière de voir, qui semble si hardie, ne se distingue guère au fond de la doctrine idéaliste ou du dogmatisme métaphysique. Après tout, pour les anciens métaphysiciens, l'objet n'est pas plus une chose en soi que pour la philosophie critique. Il est une essence intelligible (ou objective) dont on ne peut parler qu'autant qu'elle est représentée dans une conscience individuelle. Mais là encore la même difficulté se présente de nouveau : pour expliquer l'erreur, il faut que la dualité s'introduise dans le sujet même, comme jadis elle s'est introduite entre le sujet et l'être. L'idée ne pouvant être fausse en elle-même, il faut que l'individu, auteur de l'erreur, se distingue de son propre esprit. Pour Descartes déjà le sujet est indépendant, il est libre à l'égard de ses représentations confuses.

Un dernier lien subsistait pourtant qui unissait le sujet à ses propres représentations lorsqu'elles étaient claires et distinctes. En présence de ces idées, l'individu, perdant toute initiative, était comme absorbé par elles, et comme au fond l'idée était la chose ou l'être réel, l'unité primitive se trouvait reconstituée.

La critique éclairée par l'erreur fait disparaître cette dernière illusion. L'adhésion est la même, qu'elle s'applique à la vérité ou à l'erreur ; elle n'est pas plus forcée dans un cas que dans l'autre. Elle apparaît ainsi comme une chose mobile qui peut s'adapter à des représentations fort différentes ; elle a, elle aussi, son indépendance. C'est une dualité radicale d'éléments hétérogènes qu'il faut reconnaître dans la pensée même, entre l'idée et la croyance. — L'individu n'abdique plus devant l'absolu. Il s'était posé comme pensée en présence de la chose en soi ; il se pose comme liberté en face de sa propre intelligence.

CHAPITRE VII.

De la nature de l'erreur.

On définit généralement l'erreur une privation ou une négation. — Elle est une privation si on a égard à la connaissance vraie que l'esprit est capable d'atteindre et qu'il n'atteint pas. Elle est une négation si on considère l'imperfection naturelle de la pensée qui ne lui permet pas de s'élever à la vérité.

On peut dire encore que l'erreur est une privation, en tant qu'elle résulte du mauvais usage de nos facultés ; une négation, en tant qu'elle a pour cause leur limitation.

Qu'il y ait une privation dans toute erreur, c'est ce que doit nécessairement admettre quiconque croit l'esprit humain capable d'arriver, de quelque manière que ce soit, à la vérité. Si l'esprit humain, pouvant connaître le vrai, ne le connaît pas, il lui manque quelque chose, il est privé d'un bien auquel, en quelque sorte, il a droit.

Mais dire simplement que l'erreur est une privation, c'est dire qu'on se trompe quand on ne connaît pas la vérité. — On échappe à cette tautologie si on dit que l'erreur n'est qu'une privation, que nous nous trompons uniquement parce que nous ne connaissons pas toute la vérité. — Telle est la thèse qu'ont soutenue la plupart des métaphysiciens dogmatiques. Il faut l'abandonner si on estime que l'esprit ne peut atteindre directement les choses en soi.

I. — La doctrine que l'erreur n'est qu'une privation s'entend d'abord en ce sens que, si nous *croyons* une chose fausse, c'est uniquement parce que nous n'avons pas actuellement présente à l'esprit l'idée qui exclurait la pensée fausse.

Il doit en être ainsi dans toute doctrine où on considère l'adhésion de l'esprit comme déterminée par la valeur intrinsèque et logique des choses pensées. — Une idée incomplète, dans la mesure où elle est pensée, entraîne la croyance, et cette croyance dure jusqu'au moment où une croyance plus forte, amenée par une idée plus claire, vient se substituer à elle.

Mais s'il est vrai, comme nous avons essayé de le montrer dans le chapitre précédent, que la croyance est dans une certaine mesure indépendante de l'idée, on ne peut plus dire qu'il suffit que l'idée vraie apparaisse pour que la croyance erronée disparaisse. L'acte de volonté qui constitue la croyance fausse peut se prolonger même en présence de l'idée vraie; on peut s'obstiner dans l'erreur.

Il faut donc considérer le jugement faux comme tout aussi positif que le jugement vrai. Ce n'est point en eux-mêmes, c'est par une détermination extrinsèque qu'ils diffèrent.

II. — Il reste à se demander si l'erreur mentale, la synthèse fausse, en tant qu'elle est représentée et abstraction faite de toute croyance ou adhésion, peut être considérée comme n'étant qu'une privation.

C'est encore ce que devaient soutenir les métaphysiciens dogmatiques. S'il est donné à l'esprit humain de connaître les choses par intuition, si la pensée, infaillible par nature, va droit à l'être, la représentation ne saurait être fausse. Penser le faux, c'est toujours penser, et par conséquent connaître une chose qui est; la pensée, vraie en elle-même, ne peut être fausse que par ce qu'elle néglige ou ignore.

Cependant, pour expliquer l'erreur, les mêmes philosophes ont distingué l'entendement et l'imagination. L'entendement seul est infaillible, mais souvent on croit entendre alors qu'on ne fait qu'imaginer. — Se tromper, c'est, alors qu'on imagine, être privé de l'idée vraie que l'entendement pourrait avoir.

Comment ce mode de la pensée qui est l'imagination peut coexister avec l'entendement, c'est un point sur lequel on ne s'explique guère. — De plus, il est difficile de comprendre comment l'absence seule de l'idée vraie peut avoir pour résultat de nous faire prendre le faux pour le vrai. Un être qui serait entièrement privé d'entendement ne croirait pas entendre, et, par suite, ne se tromperait pas, du moins de la même manière que nous.

Mais cette explication de l'erreur fût-elle admissible, elle serait encore insuffisante. Elle ne s'applique, en effet, qu'à l'erreur logique. L'entendement n'est infaillible que si on le définit la faculté d'enchaîner *a priori* des idées d'après le principe de contradiction. — Mais si on admet la distinction établie ci-dessus entre la vérité logique et la vérité empirique, il faut expliquer l'erreur empirique comme on a expliqué l'erreur logique.

Suivant les métaphysiciens dogmatiques, appliquer la méthode expérimentale, c'est connaître par imagination, car les lois de la nature ne sont pas établies par voie démonstrative. — Si donc on admet la légitimité de cette méthode, si on croit que l'imagination ainsi définie peut s'élever d'elle-même à la vérité, si d'autre part elle est sujette à l'erreur, on ne peut plus dire qu'elle se trompe uniquement parce qu'elle est privée des idées vraies de l'entendement ou de la raison. — Il faut donc, ayant défini la vérité autrement que les dogmatiques, chercher aussi une autre explication de l'erreur.

En réalité, à quelque point de vue qu'on l'envisage, l'erreur ne se réduit pas à une simple privation.

En effet, dire qu'elle n'est qu'une privation, c'est admettre: 1° que la synthèse fausse, dans ce qu'elle a de positif est vraie; 2° qu'outre cette partie positive, il n'y a rien dans la synthèse fausse qui soit représenté à l'esprit et actuellement pensé.

La première de ces propositions est plausible. On a dit souvent qu'il n'y a pas d'erreur absolue, et que toute erreur contient une part de vérité. Ainsi encore les systèmes, a-t-on dit, sont vrais dans ce qu'ils affirment et faux dans ce qu'ils nient. En fait, on peut mettre au défi une personne quelconque d'imaginer une erreur qui ne contienne aucune part de vérité. Ce n'est jamais au hasard que nous associons deux idées, c'est toujours sous l'influence d'un souvenir, d'une expérience passée. Les intermédiaires qui établissent ce rapport peuvent nous échapper; l'analyse les retrouve. C'est ce qu'ont mis en lumière les philosophes qui se sont occupés des lois de l'association des idées. Sans rappeler l'exemple célèbre de Hobbes, Hamilton a ingénieusement exprimé cette vérité : « Si des billes de billard sont placées « en ligne droite, se touchant l'une l'autre, et si on pousse « une bille contre celle qui forme la tête de la ligne, qu'ar- « rivera-t-il? Le mouvement de la bille lancée ne se divise « pas dans la rangée des billes; l'effet auquel nous aurions « pu nous attendre *a priori* n'arrive pas, mais l'impulsion « se transmet, à travers les billes intermédiaires, qui restent « chacune en place, à la bille située à l'extrémité de la ligne, « et cette bille seule suit l'impulsion. Il semble qu'il se passe « souvent quelque chose de semblable dans le cours de la « pensée : une idée suggère immédiatement une autre idée « dans la conscience ; la suggestion agit à travers une ou « plusieurs idées qui ne se présentent pas elles-mêmes dans « la conscience [1]. »

Ainsi les rapprochements même les plus bizarres ont toujours leur raison d'être dans des connaissances anté-

1. *Lect. on metaphys.*, I, 352 et 353.

rieures. Le fondement de l'erreur actuelle peut être inaperçu et caché dans les profondeurs de l'inconscient; il existe toujours. — Autrement, les mots qu'on assemble n'auraient aucun sens; la synthèse ne serait pas une erreur, mais un non-sens. — On pourrait dire que toute erreur suppose un raisonnement au moins inconscient, si ce n'était par un regrettable abus de mots qu'on donne le nom de raisonnement à ces associations d'idées toutes spontanées, et si les mots raisonnement et inconscient pouvaient être réunis. — Mais il reste vrai que toute erreur suppose un rapport intelligible *a priori* ou donné *a posteriori* entre des notions ou des choses. Il n'est pas d'erreur, même dans la folie la plus extravagante, qu'on ne puisse expliquer. Sans doute, il serait téméraire de s'engager à rendre compte de toutes les erreurs qu'un homme peut commettre. Les rapports des choses sont innombrables, et il faudrait être dans la conscience de chaque individu pour discerner tous les aspects sous lesquels les phénomènes peuvent se présenter à lui. Mais tout esprit, en réfléchissant sur lui-même, peut retrouver l'origine de ses erreurs.

Cependant, conclure, comme on le fait si souvent, de ce que toute erreur contient quelque chose d'intelligible, qu'elle contient aussi une part de vérité, c'est être dupe d'une illusion. Il y a ici une équivoque sur le sens du mot vérité. Dans certains cas, une synthèse fausse contient une partie de la vérité dont elle tient la place, par exemple si je dis que tous les cygnes sont blancs. — Dans d'autres cas, il y a dans la synthèse fausse une partie positive qui est vraie sans être une partie de la vérité qu'elle est censée représenter; vraie en elle-même, elle est une partie, non de telle ou telle vérité particulière, mais de cet ensemble de vérités qu'on désigne sous le nom de *la vérité*. C'est une autre vérité, comme dit Platon, qu'on met à la place de celle qu'on croit posséder. — C'est ce qui arrive si je dis que le soleil est à six cents pieds de nous. Il est vrai que le soleil nous paraît, et doit nous paraître à six cents pieds; c'est un fait d'expérience qui s'impose à tout esprit semblable au nôtre, en tant qu'il fait usage de ses sens.

Mais il s'en faut de beaucoup qu'il en soit toujours ainsi. Soit, par exemple, cette erreur: L'or potable est un remède universel. Si on cherche à expliquer ce préjugé, on arrive aisément à concevoir comment l'or, qui d'ordinaire procure les plus grands biens, a paru capable d'assurer le plus grand de tous, la santé [1]. — Voilà une association d'idées parfaitement intelligible; peut-on dire qu'elle soit vraie à quelque degré? — Il n'y a pas ici, comme dans les cas précédents, une nécessité logique ou expérimentale qui nous contraigne à former cette synthèse. Tout esprit peut la former; nul ne le doit. Il est possible en un sens, et pour une pensée incomplète, que l'or potable soit un remède universel; ce n'est vrai en aucune façon.

Cependant, suivant certains philosophes, tels que Spinoza, si une chose est pensée ou imaginée, il y a pour cela des raisons nécessaires; par suite, elle est vraie en un sens. — Mais soutenir une pareille thèse, c'est supprimer toute différence entre le possible et le réel; c'est, on l'a vu, nier l'erreur plutôt que l'expliquer.

On ne peut donc pas dire, à prendre les termes dans leur rigueur, que dans toute pensée fausse il y ait une part de vérité. La synthèse fausse peut être entièrement autre que la vérité, n'avoir rien de commun avec elle; elle ne se réduit donc pas à une simple privation. Elle est une pensée positive, la pensée d'une chose autre que ce qui est, et qui n'est pas.

Mais, en supposant même que dans toute erreur il y eût toujours une partie positive qui fût vraie, il ne s'ensuivrait pas que tout ce qui est positif soit vrai.

1. STUART MILL, *Log.*, liv. V, III, 3.

En effet, dans une synthèse fausse quelconque, il y a autre chose que le rapport de certaines représentations unies par la pensée. La synthèse n'est erronée que si elle est pensée comme vraie, c'est-à-dire si l'esprit la revêt des caractères d'universalité et de nécessité qui constituent la vérité. Par exemple, il n'y a pas d'erreur si je me borne à rapprocher par l'imagination l'idée du soleil et l'idée d'une distance de six cents pieds. Car il est certain que le soleil m'apparaît à six cents pieds; l'erreur commence au moment où je pense que le soleil *est* à six cents pieds. De même, je ne me trompe pas en rapprochant les idées d'or potable et de remède universel, mais en concevant la relation ainsi aperçue par moi comme devant s'imposer à tous les esprits. — Le caractère d'universalité et de nécessité attribué à une synthèse mentale est constitutif de l'erreur.

Or, comment soutenir que ce caractère n'est pas positif? — Dira-t-on qu'il est compris, dans le rapprochement même des éléments de la synthèse, que toute relation entre plusieurs notions nous apparaît immédiatement comme universelle? — Il en est malheureusement ainsi dans la plupart des cas, l'observation des enfants et des peuples primitifs le prouve : ils généralisent en même temps qu'ils imaginent. — Il n'en reste pas moins vrai que généraliser et imaginer sont deux opérations différentes, et on se trompe, non en tant qu'on imagine, mais en tant qu'on généralise. Au reste, l'union primitive des deux opérations peut être rompue; les mêmes choses qui sont d'abord pensées comme nécessairement unies peuvent être représentées comme de simples hypothèses, ou comme un jeu de l'imagination; c'est même ce qui arrive pour toute personne instruite par l'expérience des dangers que présentent les généralisations trop hâtives.

Au moment donc où je pense comme vraie une synthèse fausse, je vais au delà de ce qui m'est donné. Je détourne de leur destination naturelle certains modes de la pensée pour les appliquer à des choses auxquelles ils ne conviennent pas. Si je me trompe, c'est parce que je mets dans ma pensée plus qu'il ne faut, et non parce qu'il me manque quelque chose; je pèche par excès plutôt que par défaut. — En d'autres termes, si on appelle raison ou entendement la faculté de penser sous forme d'éternité, *sub specie æternitatis*, j'unis en une seule et même opération l'imagination et la raison. C'est à tort que, pour rendre compte de l'erreur, on distinguerait la raison de l'imagination, qu'on chargerait ensuite, comme un bouc émissaire, de toutes les fautes de l'esprit. Je ne me trompe pas *quoique* je sois un être raisonnable, mais *parce que* je suis un être raisonnable.

Il est vrai que peut-être nous n'attribuerions pas à la synthèse fausse ce caractère de généralité si nous avions présents à l'esprit les faits ou idées qui, apparaissant plus tard, seront inconciliables avec elle; en ce sens, l'erreur suppose une privation. — Toutefois, si l'acte de généralisation a pour condition l'absence de certaines notions, on ne peut dire que cette privation suffise à expliquer l'acte de généralisation en lui-même. Comment ce que je ne pense pas actuellement pourrait-il me contraindre à penser quelque chose? Quelle est cette réaction de la pensée absente sur la pensée présente, de ce qui n'est pas sur ce qui est? De ce que j'ignore les raisons qui m'empêcheront plus tard de considérer ma synthèse comme vraie, il ne s'ensuit pas que je doive la considérer dès maintenant comme vraie; si je m'en tiens à ce qui m'est donné, je la considérerai comme une hypothèse.

En réalité, si on les envisage l'une et l'autre dans leur origine, la vérité et l'erreur ne sont pas radicalement différentes. L'esprit n'est pas dans un état différent, comme l'ont admis tant de philosophes, lorsqu'il pense la vérité et lorsqu'il pense l'erreur; la raison et l'imagination ne sont pas deux facultés hétérogènes et contraires, elles s'exercent

ensemble. L'esprit, en lui-même, est indifférent au vrai et
au faux; il pense l'un comme l'autre. La raison n'est pas
une infaillible intuition ; elle n'est pas enchaînée à l'être et
immobilisée dans la contemplation de l'être. Elle est une
forme abstraite et mobile, également capable de s'attacher
à ce qui est et à ce qui n'est pas. Mais si cette mobilité est
la mère de nos erreurs, il ne faut pas oublier qu'elle est
aussi la condition de la découverte du vrai. C'est grâce à
elle que l'esprit humain peut dépasser le moment présent,
anticiper sur l'avenir, prévoir le vrai avant de le connaître.
En effet, dans tout ordre de connaissances, l'esprit procède
par une série de tâtonnements et d'hypothèses. Même dans
les mathématiques, qui semblent être le domaine de la pensée
continue, lorsqu'on procède analytiquement, n'est-ce pas
toujours par une vue de l'esprit, par une anticipation spontanée, qu'on entrevoit la vérité avant de la démontrer?
Résoudre un problème, n'est-ce pas aller chercher, parmi
un grand nombre d'idées, celle qu'on rattachera ensuite, à
l'aide du raisonnement déductif, aux données de la question?
N'est-ce pas le privilège du génie d'aller droit, et comme
d'un seul bond, guidé par un sûr instinct, à l'idée vraie?
N'est-ce pas le lot des esprits médiocres de s'égarer dans
des chemins qui n'aboutissent pas? Si les raisonnements géométriques forment une chaîne, n'est-il pas vrai que l'esprit
en saisit d'abord les deux bouts, sauf à retrouver ensuite
les anneaux intermédiaires? Et apprendre ce que d'autres
ont trouvé, n'est-ce pas, comme l'a profondément montré
Platon dans la célèbre leçon du *Ménon*, retrouver par soi-
même les raisons déjà découvertes? — De même, sans les
sciences expérimentales, les belles études de Claude Bernard[1]

---

1. *Introd. à la médec. expérim.*, p. 43 et 57 (Paris, Baillière, 1865).
— Cf. E. CARO, *la Métaphysique et les sciences* (*Revue des Deux-
Mondes*, 15 novembre 1866). — P. JANET, *la Méthode expérimentale et
la physiologie* (*Revue des Deux-Mondes*, 15 avril 1866).

nous ont montré que c'est, en dernière analyse, par une hypothèse, par un élan spontané de la pensée, que la vérité est devinée avant d'être confirmée par l'expérience. — Ainsi encore dans les sciences historiques, le génie du savant évoque et ressuscite en quelque sorte, par la puissance de l'imagination, les figures qu'il veut décrire. Si les textes, si les documents ont quelque signification pour lui, c'est à condition qu'il les confronte sans cesse avec l'idée que d'avance il s'est formée du personnage qu'il veut peindre, rectifiant et modifiant celle-ci par ceux-là, éclairant et vivifiant souvent ceux-là par celle-ci. — De quelque côté qu'on se tourne, comprendre c'est toujours deviner. La vérité n'est jamais qu'une hypothèse confirmée; l'erreur n'est jamais qu'une hypothèse démentie.

Bien loin donc de se placer du premier coup et comme de plein pied dans l'absolu et au cœur de l'être, la pensée s'adapte, s'accommode par une série de tâtonnements et de modifications successives à la réalité qu'elle veut représenter. — Elle est essentiellement discontinue; elle procède par bonds, s'élançant hardiment dans l'inconnu, essayant toutes les routes, s'égarant souvent dans ses courses aventureuses, mais capable aussi, c'est là sa récompense, de trouver le bon chemin parmi tous ceux qui s'ouvrent devant elle. — La même activité, exubérante et hardie, qui l'emporte souvent loin du but, est aussi capable de l'y conduire ou de l'y ramener; elle ne se trompe que parce qu'elle doit trouver d'elle-même la vérité, et pour ainsi dire la créer à nouveau; et ce qui fait sa faiblesse est aussi ce qui fait sa force.

CHAPITRE VIII.

Des conditions logiques de l'erreur.

À ceux qui soutiennent que l'erreur est une chose positive, incombe la tâche de montrer comment elle est possible
et comment elle se forme. — Cette question peut d'abord
être envisagée à un point de vue logique : Qu'y a-t-il dans
l'esprit humain qui le rende sujet à l'erreur? quelles sont
les conditions logiques de l'erreur? Nous essaierons de
montrer que toute erreur véritable résulte d'un acte de généralisation, que les erreurs dites de raisonnement ou sophismes ne diffèrent pas, quant à leur origine, des erreurs
de jugement, enfin que les généralisations erronées ne sont
possibles que par l'application des formes *a priori* de la
pensée.

I. — Tout d'abord, il n'y a pas d'erreur dans les sensations. Une sensation ne pourrait être fausse qu'en ce sens
qu'elle ne serait pas semblable à l'objet qui la provoque;
mais aucune sensation n'est semblable à l'objet qui la provoque; la sensation n'est qu'un signe [1]. — Elle peut être un
élément de la vérité, elle ne saurait être fausse en elle-
même.

Si on suppose un être purement sensible et passif, qui
soit une simple table rase, aucune erreur ne sera possible.
Si quelque chose peut apparaître qui ressemble à l'erreur,
c'est à condition que l'être, cessant d'être purement passif,
soit capable de tirer de lui-même certaines représentations,
et, anticipant sur l'expérience, de substituer ces représen-

---

1. V. Ch. Lévêque, *Revue politique et littér.*, 8 février 1873.

tations aux sensations qui pourraient lui être données. En fait, tous les êtres doués de sensibilité ont le pouvoir de conserver les traces ou images des sensations, et de les reproduire en l'absence des causes qui les ont fait naître. C'est par l'imagination que l'erreur est possible.

Cependant, à moins de supposer chez tous les êtres un principe de contingence et de liberté que rien n'autorise à affirmer, cette spontanéité capable de reproduire les images n'entre pas d'elle-même en exercice; elle est encore à demi passive et n'agit que si une cause extérieure vient la solliciter. C'est une sensation semblable à une sensation déjà éprouvée et dont l'image a été conservée, qui donne en quelque sorte le branle à l'imagination, et qui, replaçant la conscience dans un état où déjà elle s'est trouvée, ramène la série des images correspondantes aux sensations qui l'ont auparavant accompagnée. Chacune de ces images à son tour, au moment où elle reparaît, provoque les mouvements organiques qui lui sont naturellement liés. — Ainsi le chien, à la vue d'un bâton levé sur lui, s'attend à recevoir des coups, et prend la fuite. Ainsi encore l'insecte, qui voit, peinte sur un mur, une fleur semblable à celles qu'il est habitué à rencontrer, cherche à s'y poser et fait effort pour en extraire le suc.

C'est par là aussi que s'expliquent chez l'homme les erreurs des sens. Si un bâton droit est à demi plongé dans l'eau, les rayons qui l'éclairent étant réfractés, les sensations musculaires éprouvées par l'œil qui le parcourt sont naturellement les mêmes qu'une association constante a unies aux sensations musculaires de l'œil ou de la main lorsqu'ils parcourent une ligne brisée; l'idée d'une ligne brisée est donc éveillée dans l'esprit. — De même, si la lune à l'horizon paraît plus grande qu'au zénith, c'est que l'œil, quand il cherche la lune à l'horizon, étant sollicité par un plus grand nombre d'objets que quand il regarde le zénith, accomplit un plus grand nombre d'efforts musculaires[1]. Or, un plus grand nombre de sensations musculaires excite, en vertu d'une relation prédéterminée, soit par l'éducation individuelle, soit même par l'organisation héréditaire, l'idée d'une plus grande dimension.

On dit souvent que les erreurs des sens résultent d'une inférence ou d'un raisonnement. Cette explication n'est pas exacte. Si l'inférence est autre chose qu'une simple association d'idées, si elle enveloppe le sentiment de la preuve, si elle suppose que « d'après quelque chose d'actuellement présent à mes sens, joint à mon expérience passée, je tiens pour assuré que quelque chose a, aura ou a eu lieu hors de la sphère de mon expérience personnelle[2] », il n'y a point d'inférence dans les exemples qui viennent d'être cités. On peut dire que l'esprit procède comme s'il raisonnait, mais c'est un abus de langage de dire qu'il raisonne, puisque la conclusion apparente est simplement la reproduction d'une idée antérieure, et qu'il ne distingue pas le rapport de cette idée reproduite avec la première.

Au point de vue auquel nous nous plaçons ici, si l'homme diffère des animaux, c'est uniquement par la complexité et la délicatesse de ses organes, qui lui permettent de conserver un plus grand nombre d'images et de former un plus grand nombre de combinaisons. En effet, une même sensation peut faire partie de plusieurs séries ; lors donc qu'elle se reproduira, l'imagination pourra prendre des directions différentes, et comme chaque terme d'une série peut à son tour avoir fait partie de séries différentes, l'imagination, sans sortir des groupes de représentations qu'elle a conservés, voit s'ouvrir devant elle une multitude infinie de chemins qui s'embranchent les uns dans les autres. Par exemple, une

---

1. P. JANET, *la Psychologie anglaise contemporaine* (*Rev. politique et littér.*, 26 décembre 1874).

2. St. MILL, *Log.*, liv. IV, III, 3.

sensation A peut avoir été accompagnée des sensations B, C, D, ou Z, Y, X. Cette sensation étant de nouveau donnée à la conscience, on pourra voir reparaître la série d'images B' C' D' ou la série Z' Y' X'. Mais les sensations B et Z peuvent avoir été suivies, l'une des sensations C, D, ou encore L, K, l'autre des sensations Y, X, ou encore M, N. La série des images reproduites pourra donc être soit A, B', C', D', soit A, Z', Y', X', soit A, B', L', K', soit A, Z', M', N'. En poursuivant, on arriverait à concevoir que les dernières images évoquées soient très-éloignées du point de départ; elles s'y rattachent toutes pourtant par un lien intelligible, et tout ce qui reparaît dans la conscience est la reproduction d'états antérieurement donnés. L'imagination dans ses plus grands écarts apparents, et quels que soient ses caprices, ne rapproche jamais deux images d'une manière entièrement arbitraire [1].

Jusqu'ici c'est la dualité de la sensation et de l'imagination qui rend l'erreur possible et les chances d'erreur augmentent d'autant plus que l'imagination est plus vive et plus puissante.

Cependant l'imagination et l'association des idées ne suffisent pas à rendre compte de l'erreur. L'erreur en effet ne consiste pas seulement à se représenter autre chose que ce qui est; elle consiste surtout, suivant le mot de Platon, à se représenter cette chose qui n'est pas, comme étant. Se tromper c'est attribuer à ces états de conscience qui renaissent d'eux-mêmes en vertu du mystérieux pouvoir de l'habitude, les caractères de ce qui est donné ou imposé à l'esprit: tant que l'idée du vrai n'apparaît pas, c'est-à-dire tant qu'une conscience ne se manifeste pas qui, par la *réflexion*, prenne possession d'elle-même, se distingue de ce qu'elle pense, et conçoive les représentations évoquées en elle

---

1. V. ci-dessus, ch. vii.

comme devant être semblables à celle que l'expérience lui apporte ou que la nécessité lui impose, il peut y avoir *désaccord* entre les images que l'habitude fait revivre et les réalités ; il n'y a pas d'erreur.

Si la vue d'une fleur semblable à celles qu'il a rencontrées éveille chez un insecte les images, et, par suite, les mouvements qui ont accompagné ses premières sensations, l'animal se retrouve dans le même état psychologique où il s'est déjà trouvé. Mais cette similitude existe-t-elle *pour lui?* reconnaît-il l'état présent comme semblable à l'état précédent, et le distingue-t-il du précédent, tout en l'identifiant dans une certaine mesure avec lui ? Rien dans les faits observés et dans ce qui est observable ne justifie cette supposition. En tant que les états de conscience ainsi renouvelés sont le commencement des actes ou sensations dont ils sont les images, l'animal peut *s'attendre* à ce que la sensation pressentie soit achevée, il ne pensera pas qu'elle doive l'être. Si son attente est déçue, il pourra souffrir, manifester même du désappointement ou de la colère, mais ce sentiment est tout autre chose que l'idée d'une contradiction.

Nous n'hésitons pas, il est vrai, à dire que l'animal se trompe : c'est que, suivant le penchant naturel qui nous porte à juger des autres par nous-mêmes, et à nous retrouver en toutes choses, nous lui attribuons les idées nettes, le jugement, la prévision que nous aurions en pareil cas. Mais alors nous interprétons plutôt que nous n'observons. A vrai dire, l'animal ne se trompe qu'au regard d'une intelligence qui l'observe du dehors ; il n'accomplit pas l'action réfléchie exprimée par le verbe réfléchi *se tromper;* il est seulement trompé dans son attente.

Chez l'homme, qui unit de bonne heure, par des liens que l'analyse peut à peine rompre, les opérations supérieures de l'entendement aux suggestions de l'imagination, il est difficile de trouver des exemples de désaccords semblables qui ne soient pas des erreurs. Cependant, s'il arrive que, suivant un chemin auquel nous sommes habitués, nous y trouvions tout à coup des objets nouveaux, nous éprouvons un sentiment de surprise qui naît du contraste entre ce que nous attendions et ce que nous voyons. Mais l'attente était vague, confuse, machinale en quelque sorte : qui dira qu'il y ait là une erreur ?

Lorsque l'homme se trompe, il ne se borne pas, en éprouvant une sensation déterminée, à se retrouver dans le même état psychologique par où il a antérieurement passé ; il reconnaît la sensation comme semblable à une sensation antérieure, et, se souvenant des états qui ont suivi cette dernière, il prévoit, il *sait*, ou du moins il agit comme s'il savait que les sensations prochaines ressembleront à celles que la mémoire lui rappelle. Il conçoit un ordre nécessaire et permanent ; il unit les choses par un lien intelligible ; il distingue des groupes, des classes de sensations, et c'est ce qui lui permet de les nommer. Il y a ici un passage de l'ordre affectif à l'ordre intellectuel ; ou plutôt le fait intellectuel s'ajoute et se superpose au fait affectif. Aussi vienne le moment de la désillusion : il pourra aussi éprouver de la contrariété ou du dépit ; mais de plus, il reconnaîtra une contradiction ; il se rendra compte de l'erreur.

En d'autres termes, il n'y a d'erreur que dans le jugement.

Seulement, il existe plusieurs définitions du jugement.

D'abord, il semble que la croyance ou affirmation soit un élément constitutif du jugement. Mais même en accordant qu'en fait, le jugement suppose un acte de croyance, il n'en reste pas moins vrai, nous l'avons vu, que ce n'est pas cet acte qui constitue la vérité du jugement, puisque l'affirmation peut être fausse ; nous pouvons donc négliger cet élément pour considérer l'opération mentale en elle-même.

« Juger, dit Hamilton [1], c'est reconnaître que deux *choses* sont capables de coexister comme parties de la même représentation. » — « Juger, dit encore Hamilton [2], c'est reconnaître que de deux *notions*, conçues comme sujet et comme attribut, l'une constitue ou ne constitue pas une partie de l'autre. »

De savoir s'il existe réellement, comme le veulent Hamilton et le Dr Mansel, des jugements « psychologiques » portant uniquement sur des choses, c'est-à-dire, en écartant la terminologie réaliste de Hamilton, sur des sensations, c'est une question qu'il est inutile de discuter ici. Il est clair que dans de tels jugements il ne saurait y avoir place pour l'erreur. Irréductibles comme les sensations, donnés comme elles, ils sont pour l'expérience ce que sont les axiomes pour la spéculation *a priori*.

De même on ne peut se tromper quand le jugement consiste à considérer une chose comme contenue dans une notion. Personne, voyant une chose verte, ne pensera qu'elle est bleue. — Il est vrai qu'en fait on peut signaler de telles erreurs; mais alors la notion n'est pas réellement présente à l'esprit; elle est remplacée par le mot, mais on ne pense pas ce qu'on dit : c'est du psittacisme. — L'erreur s'explique, comme celles qui ont été analysées au début de ce chapitre, par les anticipations de l'habitude sur l'expérience.

Dès lors, il ne peut plus y avoir d'erreur que dans les jugements qui portent sur des notions ou concepts. — Au lieu de dire avec la plupart des philosophes qu'il n'y a d'erreur que dans le jugement, il serait peut-être plus exact de dire qu'on ne se trompe qu'en généralisant. Nous dirions qu'on ne se trompe que quand on pense par concepts, si le mot concept dans la langue ordinaire ne désignait surtout les

1. *Lect.*, III, 225-226.
2 St. MILL, *Philos. de Hamilton*, XVIII, p. 395; trad. Cazelles.

idées générales, les espèces : l'acte de généralisation dont
il s'agit ici porte aussi bien sur les idées individuelles,
comme celle de Socrate, que sur les espèces : il se produit
toutes les fois que, de plusieurs éléments, nous formons un
groupe, envisagé désormais comme permanent, et pouvant
être exprimé par un nom[1].

Si on examine les préjugés et erreurs les plus répandus,
on comprendra aisément comment l'habitude de généraliser
engendre l'erreur. — Capable de former des concepts, de
les fixer par le langage, et par conséquent de les avoir toujours à sa disposition, l'esprit humain est en outre porté
par une activité incessante à les comparer entre eux, à saisir
leurs ressemblances et leurs différences. Ainsi naissent une
multitude de jugements, exacts d'abord, mais destinés à
subir bientôt des altérations dont le germe se trouve dans
l'opération même qui les forme. En effet, les ressemblances
que l'esprit aperçoit ne peuvent être que des ressemblances
partielles ; autrement les concepts comparés seraient identiques : il pense moins par concepts que par parties de concepts[2]. — Rien de plus aisé au début que de marquer ce
caractère par une expression restrictive. Remarquant, par
exemple, que les concepts de cheval et d'êtres ailés enveloppent un caractère commun, on dira d'un cheval qu'il
semble avoir des ailes. — Cependant la partie du concept
qu'on néglige est la plus importante ; l'idée de rapidité
n'est-elle pas accessoire dans le concept d'êtres ailés ? Elle
est surtout abstraite, et les caractères qu'on laisse de côté
sont ceux qui frappent le plus les imaginations vives, comme
celle des enfants ou des peuples primitifs. Une sorte de lutte
s'établit ainsi, chaque fois que le jugement est répété, entre
les deux parties du concept : quoi d'étonnant si la plus forte

1. Cf. St. MILL, *Philos. de Hamilton*, ch. XVII, p. 387 ; trad. Cazelles,
1869.

2. Cf. St. MILL, *Ibid.*, ch. XVII, p. 383.

finit par l'emporter et par absorber l'autre? On dit alors que le cheval a des ailes, ou qu'il y a des chevaux ailés.

Il n'est pas douteux que la plupart des superstitions populaires se soient formées de cette façon. Dans un curieux chapitre, M. Herbert Spencer[1], cherchant l'origine du culte des animaux, l'explique par le culte des ancêtres. On a appelé un homme le loup parce qu'il ressemblait à un loup; après plusieurs générations, on l'a pris pour un véritable loup.

Mais s'il est aisé de suivre ces modifications qui, dans les conceptions populaires, se sont produites lentement et à travers un grand nombre d'années, il faut se garder de croire qu'elles exigent toujours de longues périodes; elles s'accomplissent à chaque instant pour chacun de nous et, sans doute, elles s'accomplissaient plus souvent encore dans les esprits prime-sautiers des hommes primitifs, comme nous les voyons s'accomplir en une minute chez les enfants, que l'expérience et la logique n'ont pas encore mis en défiance d'eux-mêmes. — La nécessité où nous sommes, si nous voulons faire un rapprochement exact, précis ou ingénieux, de traîner avec nous de lourds concepts, nous met en présence d'éléments multiples qui souvent, accaparant notre attention, nous font prendre le change. C'est la multiplicité des choses exprimées par un mot qui nous induit le plus souvent en erreur; les mots sont comme cet usurier de Molière qui faisait accepter à son client, en même temps que l'argent demandé, une foule de reliques sans valeur et hors d'usage.

Une autre condition de l'erreur, inverse de la précédente, c'est que, dans bien des cas, nous n'avons pas actuellement présents à l'esprit les concepts que nous comparons. Si un concept est abstrait ou compliqué, s'il s'agit d'un nombre,

1. *Du culte des animaux* (*Rev. polit. et litt.*, numéro du 23 juin 1877).

par exemple, nous ne prenons pas la peine de le reformer en entier ; nous le concevons par à peu près, nous en référant aux opérations antérieures par lesquelles nous l'avons formé. C'est le mot qui le représente. Mais par cela même que la pensée est absente, que les mots sont comme des corps sans âme, nous sommes exposés à prendre les uns pour les autres. Par exemple, lorsque nous disons que 5 et 7 font 11, nous n'avons d'aucun de ces nombres une idée exacte, et c'est parce que nous procédons par à peu près que nous prenons pour le nombre vrai un nombre que nous savons, vaguement aussi, en être voisin.

Bien plus, il nous est parfois impossible de nous rappeler le concept lui-même ; c'est ce qui arrive quand il s'agit de nombres très-élevés. « Comme dans une grande ville de « commerce et au jeu, dit Leibniz [1], on ne paie pas chaque « fois en argent comptant, mais en billets et en jetons jus- « qu'au paiement final, il en est de même de l'entendement « à l'égard des choses, surtout lorsqu'il est obligé de penser « beaucoup..... Un arithméticien qui ne voudrait écrire « aucun nombre dont il n'eût en même temps examiné la « valeur avec la plus scrupuleuse exactitude, n'achèverait « jamais son calcul. » — « Quand je pense à un chiliagone, « dit encore Leibniz [2], je ne considère pas toujours les divers « attributs du côté, de l'égalité et du nombre mille, mais « j'emploie les mots (dont le sens est imparfaitement et « obscurément présent à mon esprit) au lieu de notions que « j'en ai, parce que je me rappelle que je possède la signifi- « cation de ces mots, bien que je ne juge pas nécessaire « d'en faire à présent l'application et l'explication ; j'ai l'ha- « bitude d'appeler ce mode de penser *aveugle* ou *symbo-* « *lique* ; nous l'employons en algèbre, en arithmétique et

1. *Collect. Etymol.*, Ed. Dutens, VI, p. 11. 6, 87.
2. *Medit. de cognit. verit. et idees.* Ed. Dutens, II, p. 15.

« en réalité, partout. Et certainement quand la notion est
« très-complexe, nous ne pouvons à la fois penser toutes les
« notions qui la composent. »

En pareil cas, à coup sûr, nous ne cessons pas de penser
par concept. Si le contenu, la matière des concepts, échappe
aux prises de notre imagination, nous n'en sommes pas
moins attentifs aux relations idéales et intelligibles que nous
savons exister entre eux. Cependant, nous ne pouvons
penser seulement par la forme abstraite; il faut prendre
pied, en quelque sorte, sur terre, c'est-à-dire faire intervenir
ces données sensibles, ne fût-ce que sous la forme du langage; c'est par là que l'erreur se glisse dans la pensée. —
La suggestion de l'imagination est l'occasion de l'erreur;
ce qui l'achève, c'est l'acte de la pensée qui improvise des
concepts.

II. — On ne se trompe que si on forme des jugements et
des jugements par concepts. — Nous allons montrer que les
erreurs de raisonnement ou sophismes sont aussi des
erreurs de jugement. — Par raisonnement, on désigne à la
fois l'inférence inductive et l'inférence déductive.

Non-seulement nous pouvons nous tromper en faisant des
inductions, mais on peut dire que nous ne nous trompons
jamais qu'en faisant des inductions. — En effet, l'inférence
inductive ne diffère pas génériquement de la généralisation.
« La généralisation, dit Stuart Mill, est un procédé d'infé-
« rence[1]. » — Sans doute, le logicien a le droit de distinguer entre l'opération par laquelle nous formons un groupe
ou notion unique de plusieurs images, et l'acte par lequel
nous formons un groupe ou notion unique de plusieurs notions; mais pour qui considère l'acte mental en lui-même,
il est identique dans les deux cas. C'est avec raison que le

1. *Log.*, liv. II, III, 4.

Dr Whewell considère l'acte par lequel on assimile un phénomène à quelque autre déjà observé et classé, comme
caractéristique de l'induction[1].

S'il est vrai, comme on l'a montré ci-dessus, que l'erreur ne
résulte jamais d'une association d'idées arbitraire, et qu'elle
peut toujours être expliquée, on ne se trompe qu'en éri-
geant un fait particulier en loi générale. En d'autres termes,
il n'y a d'erreur que dans le raisonnement. « Il y a presque
« toujours, dit excellemment Nicole, un raisonnement caché
« et enveloppé en ce qui nous paraît un jugement simple, y
« ayant toujours quelque chose qui sert de motif et de prin-
« cipe à ce jugement[2]. » Mais dire que toute erreur résulte
d'une induction défectueuse, c'est, on vient de le voir, dire
qu'elle est une mauvaise généralisation.

Quant aux erreurs de déduction, à celles qu'on nomme
proprement des sophismes, peut-être qu'à y regarder de
près elles se ramènent aussi à des inductions défectueuses.

Le raisonnement déductif consiste, étant donné qu'une
notion est contenue dans une autre, à montrer que si une
chose ou une notion est comprise dans la première de ces
notions, elle sera contenue dans la seconde. — Or, dans une
telle opération, on peut bien se tromper en affirmant à tort
soit le premier, soit le second de ces rapports ; mais non
pas en tirant la conséquence, une fois les identités posées.
En d'autres termes, si un syllogisme est faux, l'erreur est
toujours contenue dans les prémisses, c'est-à-dire résulte
toujours d'une généralisation ou d'une induction ; le procédé
déductif en lui-même ne crée pas plus l'erreur qu'il ne la
fait disparaître ; il est indifférent au vrai et au faux. A proprement parler, on peut se tromper à l'occasion d'un syllogisme, on ne se trompe pas en tant qu'on fait un syllogisme.

1. St. MILL, *Log.*, liv. IV, 1, 3.
2. *Logique de Port-Royal*, part. III, ch. XX.

Il n'y a pas de moyen terme entre raisonner mal et ne pas raisonner : raisonner mal, c'est ne pas raisonner.

Si on considère la liste des sophismes dressée par la logique de Port-Royal, il est aisé de voir que la plupart d'entre eux, le dénombrement imparfait, l'induction défectueuse, le passage du sens divisé au sens composé, ou de ce qui est vrai à quelques égards à ce qui est vrai simplement, le sophisme de l'accident, sont des généralisations incorrectes[1]. Se tromper par ignorance du sujet, c'est substituer à la chose qu'on croit connaître des idées ou images que l'imagination associe ; on a vu plus haut comment se forment ces sortes de confusions. De même, nous avons expliqué le sophisme de l'ambiguïté des termes. Prendre pour cause ce qui n'est pas cause, c'est, pour une raison insuffisante, considérer la propriété de produire le phénomène appelé effet comme enveloppée dans la notion de la cause, c'est-à-dire former un concept faux. De même encore, la pétition de principe est irréprochable comme syllogisme, une fois les prémisses posées; l'erreur vient encore d'une généralisation hâtive, puisque dans les prémisses on pose comme vraie une proposition qui n'est pas encore prouvée. En outre, si on ne s'aperçoit pas de la présence dans les prémisses de la proposition qu'on veut établir, n'est-ce pas parce qu'on donne aux termes employés des significations différentes; n'est-ce pas une erreur de langage, comme celles qui ont été analysées ci-dessus ?

En résumé, les erreurs, les paralogismes, les sophismes, peuvent varier indéfinement dans les détails ; ils sont simples ou complexes, ils se produisent avec une apparence de spontanéité, ou après de longues réflexions, tantôt à propos d'une simple perception, tantôt à l'occasion d'un

1. V. Ad. GARNIER, *Traité des facultés de l'âme*, IX, 2.

raisonnement abstrait ; mais au fond, l'erreur est toujours la même. — Elle réside essentiellement dans l'acte par lequel l'esprit forme des concepts ; elle est toujours une généralisation incorrecte.

Si toutes les erreurs sont, au fond, de même espèce, ce n'est pas une raison pour ne pas en classer les diverses variétés : il est intéressant pour le logicien de chercher de combien de manières nous pouvons généraliser ou raisonner mal. On connaît les classifications des sophismes d'après Aristote et Port-Royal ; ni l'une ni l'autre n'a la prétention d'être rigoureuse et complète. — Personne n'a traité cette question avec plus de soin, plus de pénétration ingénieuse et subtile que J. Stuart Mill dans l'admirable V° livre de son *Système de logique*. — On nous permettra pourtant de présenter quelques remarques sur sa classification.

Stuart Mill a reconnu que la plupart des sophismes naissent d'une inférence ; cependant il admet encore une classe de sophismes de *simple inspection*, ou *a priori*. — Il entend que, dans les sophismes de cette classe, les éléments unis par la pensée ne sont pas actuellement donnés par l'expérience ; ils sont des suggestions de l'imagination. Mais qu'importe, puisque ces suggestions elles-mêmes sont les reproductions de faits d'expérience antérieure. Il y a toujours un fait, connu d'abord *a posteriori*, qui sert de point de départ à une véritable inférence. A propos d'un exemple qu'il cite, Stuart Mill fait lui-même le raisonnement qui a donné lieu au sophisme appelé pourtant *a priori*. « Parlez « du diable, et le diable paraîtra. Dans les temps où l'appa- « rition de ce personnage sous une forme visible ne passait « pas pour un événement bien rare, il est sans doute arrivé « souvent à des personnes à vive imagination et très-ner- « veuses de s'imaginer voir le diable quand elles en par- « laient. » Le fait que l'événement en question ne passe pas pour bien rare est un argument que se donnent à eux-mêmes ceux qui forment le jugement ; ils s'autorisent des précédents pour se tromper; ces sophismes supposent au moins une preuve non distinctement conçue.

Il n'entre pas dans notre sujet de chercher une classification rigoureuse des sophismes. Il semble cependant que, d'après les principes qui viennent d'être exposés, on peut introduire quelques corrections dans celles de St. Mill.

Toutes les erreurs sont des sophismes d'inférence ; la preuve peut être indistinctement ou distinctement conçue. Dans le premier cas, se produisent les *sophismes de confusion* ; dans le second cas, si nous croyons constater empiriquement ce qui est, nous faisons un *sophisme d'observation* ; c'est un *sophisme de raisonnement*, si nous croyons raisonner sur des idées acquises. — Même avec ces corrections, on devra encore dire avec Stuart Mill : « Il ne faudrait pas « croire que les erreurs se rapportent toujours si directe- « ment et si clairement à l'une de ces classes, qu'elles ne « puissent aussi être rapportées à quelque autre [1]. »

III. — Toute la théorie qui précède repose sur ce principe, tenu momentanément pour accordé, que nous pensons par concepts, et que tout concept ou notion générale contient autre chose que des images. — Cependant, il s'en faut de beaucoup que ce principe soit incontesté : tout le monde connaît la doctrine suivant laquelle le travail de la pensée porte uniquement sur des sensations, des images ou des mots.

Il est assez curieux de voir les partisans de l'empirisme et ceux de l'intuition, arriver sur la question de l'erreur, à une même conclusion. Les uns et les autres sont d'accord pour reconnaître que l'erreur vient de l'imagination et non de l'entendement : les uns parce qu'ils nient l'existence de

1. St. MILL, *Log.*, liv. V, II, 3.

l'entendement, les autres parce qu'ils considèrent l'entendement, qu'ils rattachent à la raison, comme infaillible. —
Au contraire, si la doctrine qui vient d'être exposée est
vraie, il faut dire que l'imagination n'explique que la matière de l'erreur; la forme qui l'achève vient de l'entendement: l'homme ne se trompe que parce qu'il est raisonnable.
— Nous nous sommes expliqué ailleurs sur les points par
où la doctrine que nous soutenons diffère de la doctrine de
l'intuition : nous ne pouvons maintenant passer sous silence
les arguments par lesquels Stuart Mill a nié que nous pensions par concepts, et qui, s'ils étaient fondés, renverse-
raient, ou du moins modifieraient profondément la doctrine
qui vient d'être exposée.

Suivant Mill, nous ne pouvons « réaliser un concept dans
« la pensée, abstraction faite des éléments concrets qui sont
« les caractères d'un individu, ou qui nous sont représentés
« par l'imagination. — Nous ne pouvons imaginer d'objet
« adéquat à la notion générale du mot *homme*; car l'homme
« qui serait cet objet ne serait ni grand, ni petit, ni gras, ni
« maigre, ni blanc, ni noir, ni homme, ni femme, ni jeune, ni
« vieux, mais à la fois tout cela et rien de tout cela... Pures
« créations mentales, les concepts ne sont que ce qu'on peut les
« concevoir, et on ne peut les concevoir comme universels,
« mais seulement comme parties de l'idée d'un objet parti-
« culier, bien qu'il ne soit pas nécessaire que l'objet particu-
« lier soit toujours le même [1]. »

Cette objection de Mill peut valoir contre les théories
qui attribuent à l'esprit le pouvoir de connaître les idées ou
choses en soi, abstraction faite de tout élément sensible ;
mais elle perd toute importance si on admet avec Kant que
les formes de la pensée sont à la vérité vides par elles-mêmes,
tant que l'expérience ou l'imagination ne leur fournit pas

1. *Philos. de Hamilton*, ch. XVII, p. 365.

un contenu, mais que les sensations, de leur côté, ne sont qu'un des éléments de la connaissance, et que la connaissance complète résulte de la pénétration réciproque de ces deux éléments. — Il devient tout naturel alors qu'on ne puisse imaginer une notion générale que sous la forme d'un objet particulier ; il reste vrai pourtant que la représentation de l'objet particulier n'est pas toute la connaissance que possède l'esprit. — Le fait que nous ne pouvons imaginer d'objet adéquat à la notion générale du mot *homme* prouve sans doute que notre concept n'a pas une origine purement intelligible, mais se concilie parfaitement avec la doctrine qui voit dans le concept un élément intellectuel ou rationnel. En formant le concept d'homme, je me représente un homme grand ou petit, gras ou maigre ; mais de l'aveu de Mill, puisque l'objet peut être changé, je sais que cette image n'égale pas mon concept. Ce que le concept contient en outre, c'est, suivant l'expression de Hamilton, un caractère d'universalité potentielle. La pensée, contrainte de revêtir une forme sensible, apparaît un moment comme étant tel objet, tel exemple particulier ; elle s'y repose en quelque sorte, mais elle ne s'y enferme ni ne s'y absorbe ; elle dépasse les images qui l'expriment, et elle est capable de s'incarner plus tard dans d'autres images plus ou moins différentes.

Au reste, Stuart Mill finit par reconnaître dans la pensée une disposition particulière, une sorte d'habitude ou d'aptitude, d'autres diront une *tendance* qui subsiste après la représentation actuelle. Après avoir « fixé notre attention sur les « attributs comme parties d'un agrégat plus grand[1] », l'emploi des noms nous rend capables de renouveler la même opération ; et en dernière analyse, « la seule réalité qu'il y a dans le « concept[2], c'est que, de façon ou d'autre, nous devenons

1. *Philos. de Hamilton*, chap. XVII, p. 371.
2. *Ibid.*, p. 378.

« *aples*, nous sommes amenés, non-seulement une fois, et
« par accident, mais dans le cours naturel de nos pensées,
« à porter une attention spéciale et plus ou moins exclusive
« sur certaines parties de la présentation des sens ou de la
« représentation de l'imagination, dont nous avons cons-
« cience. »

La doctrine de Mill nous semble exacte en ce que, à côté
des images concrètes, elle fait une place à l'ordre suivant
lequel nous les combinons, à l'aptitude que nous conservons
de les reproduire dans le même ordre, par l'intermédiaire
du mot. Seulement Mill fait à cet élément une part trop res-
treinte. — D'abord, il semble l'identifier complétement avec
le nom; mais il est clair, et on pourrait ici invoquer contre
Mill le témoignage de Mill lui-même, que « la pensée ne peut
« s'exercer uniquement par des noms, et que nous ne pou-
« vons faire penser les noms pour nous[1] ». En outre, cette habitude que nous avons de considérer dans un objet quelques
qualités, abstraction faite des autres, présente certains caractères particuliers. Autre chose est suivre, même avec
conscience, l'habitude de considérer en particulier certaines parties d'un objet, autre chose réfléchir sur cette habitude, en prendre une conscience distincte, la dégager en
un mot des faits particuliers.

On conteste, il est vrai, que cette habitude puisse être
représentée en dehors des faits concrets qui la manifestent,
ou des mots qui l'expriment, et nous avons dû convenir que
le concept ne peut être pensé absolument en lui-même. Il
reste vrai pourtant que notre esprit parvient à l'isoler, dans
une certaine mesure, des faits concrets à propos desquels
nous le pensons. Ce qui constitue le concept de cheval, ce
n'est pas l'habitude de considérer comme unies telles et
telles qualités, puisque Mill convient que nous pouvons l'ap-

---

1. *Log*, II, p. 197 : éd. 1868.

pliquer à des êtres différents. L'élément constitutif du concept n'est pas entièrement adhérent à ces qualités; il est en quelque sorte mobile, et la difficulté de trouver pour toute chose une définition exacte montre que cette variation peut avoir lieu entre des limites assez étendues. L'habitude ou le concept se pose ainsi devant l'esprit comme objet distinct, encore que nous ne puissions nous le représenter complétement qu'en lui attribuant un contenu emprunté à l'expérience. — Il faut songer enfin que si on refuse au concept le droit d'exister sous prétexte qu'il ne se suffit pas à lui-même abstraction faite de toute donnée sensible, les partisans de Kant ne seront pas embarrassés pour montrer que les données sensibles ne se suffisent pas davantage à elles-mêmes, abstraction faite de tout lien intelligible. Des sensations et des images, par le seul fait qu'elles sont présentes à la conscience, si on suppose écartée la représentation du lien qui les unit, forment-elles une idée, une connaissance complète?

En résumé, nous accordons à Mill qu'il y a dans tout concept deux éléments. Les images sont nécessaires, et Aristote avait raison de dire : νοεῖν οὐκ ἔστιν ἄνευ φαντασμάτος[1]. — En outre, un autre élément intervient, habitude, aptitude ou tendance, plus exactement forme de la pensée. — Seulement, suivant Mill, le premier de ces éléments est le plus important; il amène l'autre à la suite, comme le corps amène son ombre. Nous soutenons au contraire que ce dernier élément joue le principal rôle. Ce n'est pas en tant que nous portons, machinalement en quelque sorte, notre attention sur telles ou telles qualités concrètes, que la science est possible; c'est en tant que nous pensons, que nous savons qu'il y a entre ces qualités un lien durable et constant. — Il est donc exact de dire que nous pensons par concepts.

1. *De mem.*, I.

Cependant, il semblerait résulter de l'analyse même qui précède, que si nous devenons capables de former des concepts, c'est seulement après avoir contracté l'habitude d'apercevoir entre les choses des ressemblances constantes. La fonction généralisatrice de la pensée ne serait en quelque sorte qu'une habitude abstraite d'autres habitudes; elle dériverait donc de l'expérience et différerait des habitudes concrètes d'où elle est tirée uniquement par le degré, et non en nature. Elle ne serait point *a priori*, si ce n'est en ce sens où nous disons que nous raisonnons *a priori* lorsque nous appliquons à un cas particulier ou futur une loi déterminée auparavant par l'expérience. — En un mot, la doctrine que nous avons soutenue ne différerait de celle de Mill que par la forme et, au fond, lui serait identique.

A y regarder de près pourtant, il est facile de s'assurer que la différence est plus grave qu'elle ne paraît. En effet, en supposant même que la répétition fréquente et habituelle des mêmes actes de pensée fût une condition nécessaire pour que la faculté de généraliser apparût dans l'esprit, il resterait à savoir si elle en est la condition suffisante. Or, c'est ce qui n'est pas. De ce qu'un être est capable de reproduire fréquemment, avec le degré de conscience qui est inséparable de ces phénomènes, les mêmes représentations, on n'est pas logiquement en droit de conclure qu'il doive un jour prendre conscience de la ressemblance de ces états de conscience, et poser à part la relation qu'il aura aperçue. On conçoit très-aisément que les mêmes états de conscience puissent se répéter indéfiniment sans provoquer jamais l'acte de réflexion qui dégage l'abstrait du concret. De fait, il ne paraît pas que les animaux, à coup sûr très-capables d'habitudes, s'élèvent jamais aux notions générales. — *A priori*, on ne peut donc identifier les habitudes et la fonction généralisatrice.

Que cette dernière *puisse* apparaître parmi les habitudes concrètes à peu près comme la fleur éclôt parmi les feuilles, c'est ce que nous constatons *a posteriori*. Que dans l'état actuel des choses, elle *doive* se manifester lorsque certaines conditions sont réalisées, c'est encore ce qu'atteste l'expérience. Mais c'est là un simple fait qui ne nous autorise aucunement à établir entre les éléments dont il s'agit une identité de nature. — Il n'est pas de sophisme plus dangereux, ni plus fréquent, il est vrai, que de substituer à la nécessité ou à la continuité de fait, une nécessité ou une continuité logique, c'est-à-dire absolue. — Dès lors, la faculté de généraliser apparaît comme une fonction nouvelle, qui s'ajoute aux précédentes et les complète. En tant qu'elle n'est pas *donnée* avec les éléments de la généralisation, on est en droit de dire qu'elle est *a priori* : elle marque entre les opérations inférieures et les opérations supérieures de la pensée une différence non de degré, mais de nature ; elle est la ligne de démarcation la plus nette qui sépare l'homme de l'animal.

Mais il n'est même pas vrai que la répétition habituelle des mêmes actes soit une condition nécessaire pour que se manifeste la faculté de généraliser. Dès que l'intelligence humaine s'éveille, elle n'est que trop portée à voir partout l'universel, et à se représenter toutes choses, comme dit Spinoza, *sub specie æternitatis*. — L'éducation et le progrès consistent bien plutôt à restreindre et à enfermer dans de justes limites cette faculté exubérante. — L'homme n'apprend pas, il doit désapprendre à généraliser.

Sur ce point, l'étude des langues, de l'homme primitif[1] et surtout des enfants, apporte les plus irrécusables témoignages. M. Max Muller, confirmant une vue déjà très-nettement exprimée par Leibniz, nous montre que les mots les

---

1. Voir les belles études de M. Ch. RENOUVIER sur la *Psychologie de l'homme primitif*, *Critique philos.*, 4ᵉ ann., t. II, p. 5, 177, etc.; 4ᵉ ann. t. I, p. 322, 356.

plus anciens de toutes les langues expriment des idées générales [1]. Les conclusions de l'illustre philologue ont pu être
contestées à certains égards [2] ; mais ce qui est hors de
doute, c'est que chez les intelligences primitives, qu'on rencontre encore de nos jours en Afrique ou en Australie, les
préjugés les plus bizarres, les erreurs les plus étranges
naissent de généralisations irréfléchies. N'est-ce pas la
même fonction de l'esprit que nous retrouvons en acte
dans les classes les moins éclairées de nos sociétés modernes ? Quand on va au fond de leurs traditions ou de leurs
superstitions, ne trouve-t-on pas toujours un fait particulier,
une coïncidence fortuite dont l'imagination populaire a été
vivement frappée, et qu'on a aussitôt érigée en loi ?

Mais c'est surtout chez les enfants où l'observation est
à la fois plus facile et plus instructive, que le fait peut être
constaté. M. Taine, dans les études si intéressantes qu'il a
consacrées à la naissance du langage chez les petits enfants, nous offre un grand nombre d'exemples significatifs.
« Vous prononcez devant un bambin dans son berceau le
« mot *papa* en lui montrant son père ; au bout de quelque
« temps à son tour il bredouille le même mot, et vous
« croyez qu'il l'entend au même sens que vous, c'est-à-dire
« que ce mot ne se réveillera en lui qu'en présence de son
« père. Point du tout. Quand un autre monsieur, c'est-à-
« dire une forme pareille, en paletot, avec une barbe et une
« grosse voix, entrera dans la chambre il lui arrivera souvent
« de l'appeler *papa* [3]. » — Faut-il dire, pour expliquer ce
fait, que la perception de qualités semblables à celles qui ont
été antérieurement perçues réveille simplement les états de
conscience qui ont accompagné ces dernières, et que le
fait de prononcer le même mot n'est que la reproduction

1. *Science du langage*, t. I, 401.
2. Michel BRÉAL, *Journal des savants*, octobre 1876.
3. *De l'intelligence*, liv. I, II, V.

en quelque sorte mécanique d'une action antérieure? A coup sûr, il peut en être quelquefois ainsi ; mais dans la plupart des cas, il y a autre chose. L'enfant, comme on dit, sait bien ce qu'il fait. Non-seulement les mêmes idées se représentent à lui, mais il les reconnaît ; il se souvient. Il distingue l'état présent de l'état passé et les compare l'un à l'autre ; il se réfère au passé pour juger du présent. Le groupe d'images qui reparaît dans la conscience, uni aux perceptions actuelles, forme une *classe*, et le fait même qu'il groupe les images autrement que ceux qui l'entourent, l'erreur, achève de montrer que cette fonction de généralisation est naturelle et primitive, qu'elle n'attend aucune suggestion étrangère, mais se manifeste au moment même où les qualités sensibles sont perçues.

Dans tous les exemples de ce genre, les partisans du pur empirisme semblent croire que si une perception actuelle amène un mot qui exprime un groupe de qualités, c'est uniquement parce que, dans l'objet présent, il y a une qualité semblable à une perception antérieure qui frappe, plus vivement que les autres, l'esprit de l'enfant. Empruntons encore un exemple au même auteur. « Une petite fille de « deux ans et demi avait au cou une médaille bénite : on lui « avait dit : « C'est le bon Dieu. » Un jour, assise sur les « genoux de son oncle, elle lui prend son lorgnon et dit: « C'est le *bô Du* de mon oncle. » Pour expliquer ce fait dans la théorie empirique, on dirait que, parmi les qualités de l'objet, il s'en trouve quelques-unes, celles d'être rond, muni d'une queue, percé d'un trou et attaché au col par un cordon, qui, en fait, attirent l'attention à l'exclusion des autres et éveillent des images auxquelles elles ont déjà été associées. A la rigueur, un lorgnon peut être comparé à autre chose qu'à une médaille ; si la comparaison avec une médaille a lieu, c'est simplement grâce à cette circonstance accidentelle que les sensations analogues à celles qu'a proroquées la médaille se trouvent être les plus vives. Le cerveau de l'enfant est comme un clavier dont certaines touches sont mises en mouvement : c'est une machine extraordinairement délicate, mais, en dernière analyse, une machine.

Cependant, n'est-il pas tout aussi légitime et plus naturel de penser que l'enfant, en présence de l'objet perçu, poussée par ce besoin de connaître (en d'autres termes de généraliser) qui est le fond de la nature humaine, se pose, aussi rapidement qu'on le voudra, cette question : A quoi cela ressemble-t-il ? — Elle cherche alors parmi ses souvenirs, encore peu nombreux, un terme de comparaison et peutêtre en essaie plus d'un avant de s'y arrêter. Elle veut, à tout prix, faire rentrer l'objet qu'elle voit dans une classe de choses qu'elle connaît. — Dès lors, si l'enfant généralise et compare, ce n'est pas parce qu'il éprouve des sensations analogues à celles qu'il a déjà éprouvées ; mais parce qu'il veut généraliser et comparer, il choisit parmi les qualités diverses que présente un objet, celles qui sont semblables à d'autres qu'il connaît déjà, et il fixe particulièrement son attention sur elles. — Les rapprochements d'idées si singuliers qu'on trouve dans le langage des enfants, témoignent de ce besoin de généralisation à outrance. « Un an plus tard, « dit encore M. Taine, la même enfant, à qui on faisoit « nommer toutes les parties du visage, disait, *après un peu* « *d'hésitation*, en touchant ses paupières : « Çà, c'est les « toiles des yeux. »

En résumé, ce qui rend l'erreur possible, c'est d'abord la dualité de la sensation et de l'imagination, mais l'imagination prépare seulement la matière de l'erreur : l'entendement l'achève. — Les êtres raisonnables, c'est-à-dire ceux qui pensent à l'aide d'éléments *a priori*, sont seuls capables de se tromper.

L'erreur n'est pas plus que la vérité *donnée* à l'esprit ; mais l'esprit, appliquant *a priori* ses formes aux sensations et aux images, essaie des combinaisons qui peuvent être ou n'être pas conformes à la réalité : il doit s'y adapter par une série de tâtonnements. — Il ne serait pas plus juste de considérer l'esprit humain comme fatalement condamné à l'erreur que de le croire prédestiné à la vérité et infaillible par essence. — Il est, au point de vue du vrai et du faux, ce qu'il se fait lui-même : il est fils de ses œuvres.

Enfin, ce n'est pas en tant qu'il est imparfait ou qu'il lui manque quelque chose que l'esprit humain est sujet à l'erreur. La même faculté qui, le rendant capable d'atteindre à la vérité, l'élève au-dessus des animaux, l'expose à se tromper plus gravement qu'eux. — L'erreur est, comme la vérité, et au même titre, le privilége de l'homme.

CHAPITRE IX.

Des causes psychologiques de l'erreur.

La double fonction de l'intelligence par laquelle les sensations ou images sont perçues et reproduites, puis coordonnées en classes et en systèmes, rend compte de la possibilité de l'erreur ; elle n'en explique pas la réalité. — Tant qu'on se borne à considérer les idées ou synthèses fausses comme de simples faits intellectuels, on peut comprendre *comment*, on ne sait pas *pourquoi* elles se forment dans la pensée. — Ce ne peut être, en effet, en tant qu'idées que, d'elles-mêmes, elles donnent lieu à ces combinaisons. Car, si les individus n'y étaient pour rien, elles devraient être les mêmes pour tous les esprits qui disposeraient des mêmes éléments, et c'est ce qui n'arrive pas.

L'erreur est chose essentiellement individuelle et personnelle; on ne peut l'expliquer si on ne tient compte des dispositions particulières du sujet qui la pense. S'il est nécessaire que toutes les synthèses erronées aient assez d'intelligibilité pour être comprises par ceux mêmes qui n'en sont pas dupes, elles ne sont réalisées, elles ne naissent que sous l'action d'une cause distincte de l'intelligence. L'intelligence est un mécanisme auquel il faut un moteur ; elle ne produit pas l'erreur d'elle-même.

Il semble, il est vrai, que dans bien des cas, il suffise qu'une sensation actuelle éveille en nous une série d'images pour qu'aussitôt le mécanisme intellectuel entre en action. Il y a bien, si l'on veut, une cause objective de l'erreur qui échappe d'ailleurs au psychologue ; mais cette première impulsion donnée, tout s'explique par le jeu des représentations.

Cependant, quand l'intelligence se borne à recevoir des sensations, et à répondre à l'action venue du dehors par une sorte de réaction mécanique, il n'y a pas d'erreur. On ne dit pas que l'halluciné ou le fou se trompent; c'est que justement ils sont étrangers aux idées qui apparaissent en eux. — On peut concevoir et on a conçu que l'homme, lorsqu'il connaît la vérité, la reçoive toute faite et sans y rien mettre du sien. Se tromper est une action qui suppose l'intervention du sujet dans ses propres états de conscience; il n'est rien qui soit plus véritablement à nous que nos erreurs.

I. — L'influence du sentiment sur l'intelligence n'a été contestée par aucun philosophe. Mais il y a ici un excès qu'il faut éviter. Sans parler des mystiques, dont il n'y a pas lieu de discuter la théorie, puisqu'ils récusent la raison, plusieurs philosophes ont semblé croire que le cœur peut non-seulement aider la raison dans la poursuite de la vérité, mais la supplanter. « Le cœur, dit Pascal [1], a ses raisons que la « raison ne connaît pas. » Et il ne s'agit pas ici de vérités morales ou religieuses. « C'est par le cœur, dit le même « auteur, que nous connaissons les principes......, le cœur « sent que l'espace a trois dimensions et que les nombres « sont infinis. » — Voilà que par une singulière transposition de mots et d'idées, le cœur est représenté comme une faculté de connaître; il faudra, sans doute, opposer une logique du cœur à la logique de l'esprit.

L'école de Jacobi et de Rousseau se signale par une tendance semblable. Peut-être, pour ces philosophes, le mot sentiment n'a-t-il pas exactement le même sens que pour nous. Dans la langue du XVIIIᵉ siècle, il désignait un degré de la connaissance, la connaissance immédiate par opposi-

---

1. *Pensées*, art. XXIV, 5; édit. Havet.

tion au raisonnement. Cependant les mêmes auteurs ne ménagent pas à la raison les dédains et les invectives; c'est bien la passion, l'enthousiasme qui leur révèlent directement la vérité; ils ne sentiraient pas si vivement que l'âme est immortelle, s'ils désiraient moins qu'elle le soit.

Ces philosophes enthousiastes ont oublié de nous dire si cette merveilleuse faculté est aussi sujette à l'erreur, et si, dans leur logique nouvelle, il faut marquer une place aux sophismes du cœur en prenant le terme au pied de la lettre.

Mais il n'y a lieu de se préoccuper ni des vérités que le cœur passe pour atteindre directement, ni des erreurs qu'il serait exposé à commettre.

D'abord, si l'on peut admettre comme vraie cette proposition que le cœur a ses raisons que la raison ne connaît pas, c'est à condition d'entendre par là des raisons de *croire*, et non pas un acte analogue à la connaissance. Il est vrai que l'adhésion que nous donnons à certaines idées est loin d'être en proportion de leur valeur intellectuelle ou logique; et nos sentiments contribuent, pour une grande part, à nous incliner dans un sens ou dans l'autre. Comme la plupart des philosophes ne distinguent pas l'idée de la croyance, il devait arriver que le cœur parût capable de penser, du moment qu'il était capable de croire. — Mais, comme on l'a vu, l'acte de croyance est autre chose qu'un acte intellectuel, et, d'autre part, la croyance ne peut se passer des données de l'intelligence. Il n'est pas de croyances qui viennent du cœur sans passer par l'esprit.

En outre, le sentiment peut exciter, guider, pervertir ou égarer l'intelligence, mais il ne se substitue pas à elle, et il la laisse toujours s'exercer suivant ses lois propres. Dans un système quelconque d'idées, eût-il été formé sous l'empire de la passion ou dans le délire de l'enthousiasme, une analyse attentive retrouvera toujours les éléments empruntés à l'expérience antérieure du sujet, et les rapports logiques d'après lesquels ils ont été combinés. De même, dans un corps organisé, tous les mouvements s'expliquent, en dernière analyse, par les lois physico-chimiques. Entre les idées inspirées par le sentiment et celles qu'on attribue à la seule intelligence, il n'y a point de différence essentielle. Si le sentiment modifie l'allure de la pensée, c'est en augmentant la puissance ou la vivacité de l'imagination, en suscitant une foule de souvenirs qui se pressent devant l'esprit, en suggérant des combinaisons soudaines et inattendues. Seulement, comme ces états se produisent sans effort et sans attention, comme ils s'offrent d'eux-mêmes à la conscience et que le sujet, tout entier à l'entraînement qui le domine, ne peut se rendre compte de ce qui se passe en lui, il ne reconnaît plus sa propre intelligence ; et parce qu'elle s'exerce d'une façon nouvelle pour lui, il lui cherche un nom nouveau. — Ainsi, dans l'antiquité, les poëtes inspirés n'osaient s'attribuer les pensées qui naissaient dans leurs âmes, et faisaient à un dieu les honneurs de leur génie.

Si on veut pénétrer plus avant, on se rendra compte de l'influence que le sentiment exerce sur l'intelligence, non-seulement au moment où l'imagination est mise en branle par une violente passion, mais même pendant le temps où l'esprit, tranquille et en apparence livré à lui-même, amasse les matériaux qui serviront plus tard à former toutes les fictions, toutes les vérités et toutes les erreurs.

A ne considérer, en effet, que la simple sensation et la perception de choses actuellement données, il s'en faut de beaucoup que l'esprit se borne à recevoir passivement ses idées et ses jugements. Kant a montré qu'un élément subjectif, une forme de la connaissance, apparaît dès la première intuition ; mais indépendamment de cette fonction purement intellectuelle, il faut tenir compte des dispositions personnelles, des tendances et des affections du sujet. Il est nécessaire, si la connaissance a lieu, qu'elle se produise d'après les lois de la pensée. Mais il n'est pas toujours nécessaire qu'elle ait lieu. Du moins, la façon dont elle aura lieu, le nombre, le degré, la vivacité des idées dépendent en partie de l'état du sujet, considéré non plus comme être pensant, mais comme être sensible, se portant, à son gré, vers une chose ou vers une autre, et choisissant en quelque sorte les éléments auxquels il appliquera les lois de la connaissance.

C'est ce qu'exprimaient les stoïciens, lorsqu'ils admettaient une force tendue à travers les organes de telle façon qu'au choc venu du dehors réponde une réaction variable venue du dedans, et que la clarté de la connaissance soit proportionnelle à l'énergie que le sujet emploie pour s'en emparer[1]. En effet, s'il est nécessaire, pour que la connaissance se produise, que l'esprit reçoive une impression, peut-on nier que la manière de la recevoir soit pour quelque chose dans la connaissance ?

En outre, en supposant même que les passions fassent trêve, et que tous les désirs conscients soient suspendus, jusqu'à cette tendance naturelle qui est le besoin de connaître, ou la curiosité, le sujet n'est pas indifférent à ce qu'il pense. Tous les phénomènes de conscience ont un double aspect; représentatifs d'un côté, ils sont affectifs de l'autre, et l'on ne peut dire qu'aucune représentation se produise sans être accompagnée d'un plaisir ou d'une douleur. On ne veut pas dire que ce plaisir ou cette douleur fasse naître l'idée, ou même réagisse sur elle au point de la modifier ou de l'altérer; mais il est hors de doute qu'il peut contribuer soit à l'écarter aussitôt qu'elle apparaît, soit à l'exciter, à la caresser avec une sorte de complaisance et, par là, à la maintenir plus longtemps sous l'œil de la conscience. Parmi les qualités toujours multiples d'un objet, il en est qui, par de

1. RAVAISSON, *Mémoire sur le stoïcisme.* (Annales de l'Acad. des Inscript. et Belles-Lettres, t. XXI.)

mystérieuses affinités, nous plaisent et nous attirent davantage. Ainsi s'expliquent les singulières diversités qu'on peut constater, suivant les individus, dans la perception des objets les plus simples ; les mêmes choses ne sont pas vues par tous de la même façon ; tel détail qui frappe vivement les uns est négligé par les autres, et lors même que tous ces détails sont perçus, l'importance relative qu'on leur attribue n'est pas toujours la même. Une sorte de choix ou de sélection s'accomplit ainsi dans une opération qui paraît si simple, et ce choix est guidé par les préférences secrètes qui échappent même à la conscience. L'esprit ressemble, non à ces miroirs indifférents qui reflètent également tous les objets, mais à ces plaques de verre que l'art du chimiste a rendues sensibles à certaines couleurs, et qui en reçoivent l'empreinte à l'exclusion de toutes les autres.

Dans les images et les idées qui forment comme l'ameublement de chaque esprit, qui reviennent d'elles-mêmes dans les écrits ou les conversations, on retrouve la trace des goûts primitifs et des secrètes inclinations qui sont propres à chaque individu. Il est superflu de rappeler qu'aux actes de connaissance qui nous paraissent les plus immédiats, se mêlent sans cesse les acquisitions de l'expérience, les souvenirs ou les réminiscences du passé ; nous ne jugeons l'avenir, et même la plupart du temps le présent, qu'à l'aide de ces idées si anciennement acquises que la date de leur origine se perd pour nous, et si familières que nous ne remarquons plus leur présence. Or, ces idées ne sont pas les simples résidus de nos expériences passées. Par un choix inconscient, nous les avons préférées à bien d'autres que notre mémoire aurait pu également conserver. Elles sont comme des témoins, d'autant plus fidèles qu'ils sont moins conscients, de ce que nous avons aimé et souffert ; les joies et les peines d'autrefois retentissent encore à notre insu dans nos pensées d'aujourd'hui. Ainsi se forme notre physionomie psychologique ; en ce sens, on peut dire avec Leibniz que le présent est plein du passé.

La même influence se manifeste dans les synthèses autant que dans les idées. On a vu plus haut comment une même sensation peut, suivant le hasard des expériences antérieures, réveiller des images différentes : chaque image à son tour, pouvant faire partie de plusieurs séries, est comme un carrefour d'où la pensée peut prendre des routes fort divergentes. La variété, la bizarrerie et l'imprévu de ces associations s'opposent absolument à ce qu'on considère la direction prise par la pensée entre tant de directions possibles comme déterminée exclusivement par la nature des idées ou des images envisagées en elles-mêmes. Invoquer le caprice, l'humeur, la fantaisie ou le hasard, c'est ne rien dire ou admettre que les combinaisons se forment d'après les sentiments qu'elles provoquent en nous. Et il ne s'agit pas ici d'un nom abstrait et vide donné à un ensemble de causes inconnues, comme quand on parle de caprice ou de hasard. L'influence de la sensibilité est une fonction constante qu'on peut retrouver dans bien des circonstances diverses et dont il est possible de déterminer les lois.

Ainsi l'intelligence, indifférente par elle-même à la vérité et à l'erreur, perçoit les objets, choisit ses souvenirs au gré de nos désirs. Si on s'en tenait là, il n'y aurait ni vérité, ni erreur ; nous sommes ici à la source commune de l'art et de la fiction, de la vérité et de l'erreur. L'erreur commence au moment où nous trouvons des raisons pour justifier ce que nous pensons. — Jusqu'ici l'influence de la sensibilité explique comment l'esprit recueille les matériaux de l'erreur : il faut montrer son action sur la genèse de l'erreur proprement dite.

Que l'esprit, lorsque deux idées ont été, d'une façon quelconque, rapprochées par l'imagination, s'attache à la synthèse ainsi formée au lieu de la laisser disparaître comme tant d'autres, c'est un fait qui n'appartient plus à l'ordre représentatif, mais à l'ordre affectif ; se demander si la synthèse est vraie, c'est un nouvel acte intellectuel, mais qui amène aussitôt une réaction du sentiment: on désire ou on craint qu'elle soit vraie. Les deux fonctions s'exercent simultanément, et l'une réagissant sur l'autre, on voit l'intelligence, stimulée par le désir, se mettre en quête de preuves. Elle en trouve toujours.

D'abord, si les analyses qui précèdent sont exactes, il y a toujours, étant donné le passé et les souvenirs d'un homme, des raisons pour qu'une synthèse déterminée apparaisse à l'imagination. Si ces raisons peuvent le plus souvent passer inaperçues, la pensée, stimulée par le désir, peut aisément les retrouver ; elle a ainsi sous la main une preuve toujours possible.

Mais ce premier travail ne suffit pas. Il faut que l'esprit découvre soit dans l'expérience présente, soit dans les souvenirs du passé, des faits ou des arguments qui, se rattachant à la synthèse présente par un lien logique, puissent lui servir de preuve et former avec elle comme un système.

En fait, nous savons qu'il n'est pas de paradoxe en faveur duquel on ne puisse, si on le veut bien, trouver des raisons, point de synthèses qu'il ne soit possible de rendre vraisemblables. Les sophistes anciens trouvaient moyen de défendre des thèses contradictoires avec des arguments qui paraissaient d'égale valeur. Ce qu'ils accomplissaient volontairement et avec conscience, nous le faisons à chaque instant, sans nous en rendre compte, sous l'influence de la passion. Nous découvrons une multitude de raisons pour justifier nos désirs et nos craintes. Merveilleusement habiles à nous tromper nous-mêmes, nous savons, dans la plupart des cas, ne voir que ce qui est conforme à notre idée favorite, et négliger tout le reste. Bien plus, nous parvenons à regarder de biais les choses qui lui sont le plus contraires, et à les accommoder, par des prodiges d'interprétation, à ce que nous désirons. Tout le monde connaît les vers où Lucrèce et Molière nous montrent comment la passion par excellence, l'amour, sait transformer les défauts en qualités et, comme la pierre philosophale, changer en or tout ce qu'elle touche. Dans les livres d'histoire, écrits de bonne foi, mais inspirés par la passion politique, nous voyons à chaque instant les faits travestis de la plus étrange manière. Faut-il enfin rappeler les cas où, devenus de subtils casuistes, nous savons, au moment de choisir entre l'action que le devoir prescrit et celle que la passion réclame, nous donner le change à nous-mêmes, et accumuler tant de raisons que nos scrupules se taisent et que notre conscience s'endort? Si on songe qu'au moment même où la passion évoque tant d'arguments, elle leur donne, grâce à l'attention exclusive dont ils sont l'objet, un relief et une intensité extraordinaires, on comprendra aisément comment se noue étroitement la chaîne de raisonnements et d'apparences qui constitue un sophisme.

Un romancier célèbre [1] a ingénieusement comparé le travail qui s'accomplit silencieusement dans l'esprit au phénomène de la cristallisation. Une passion exclusive groupe autour d'une même idée toutes celles qui se présentent à l'esprit, tous les souvenirs qui reparaissent, tout ce qu'on voit, tout ce qu'on entend, tout ce qu'on lit, et les divers éléments se rangent à leur place d'après un ordre régulier. « Du fond de notre être émergent des mouvements élémen-« taires dont le mouvement voulu est le terme et l'accom-« plissement. Ainsi arrivaient à l'appel d'un chant, selon la « fable antique, et s'arrangeaient comme d'eux-mêmes, en « murailles et en tours, de dociles matériaux [2]. »

1. STENDHAL, *De l'Amour*, ch. XII, XXII.
2. RAVAISSON, *la Phil. en France au dix-neuvième siècle*, XXXVI.

Parfois le même phénomène s'accomplit avec une rapidité singulière et comme instantanément ; c'est lorsque la passion qui entraîne l'esprit n'est pas nouvelle pour lui, mais a depuis longtemps, comme on l'a vu ci-dessus, exercé son influence sur ses perceptions, le choix de ses souvenirs et ses associations d'idées familières. Tous les matériaux de l'erreur sont alors préparés d'avance ; ils sont prêts à s'unir : vienne l'occasion, et cette organisation latente apparaîtra au grand jour. Ainsi, dans le phénomène que les physiciens ont nommé *surfusion*, l'eau, maintenue immobile et portée à une température inférieure à celle de la congélation, se prend tout à coup d'un seul bloc aussitôt qu'on la met en contact avec un morceau de glace.

Peut-être même, si on songe à l'activité incessante de la passion toujours vivante dans l'âme où se produit l'erreur, n'est-ce pas aux phénomènes mécaniques ou physiques, mais aux phénomènes biologiques qu'il faudrait emprunter une comparaison. L'erreur est un véritable organisme qui se forme dans la pensée, capable de développement, s'assimilant, en les modifiant, les éléments qui lui sont apportés, et repoussant ceux qui lui sont inutiles ou contraires.

Cependant la pensée a beau être soumise aux ordres de la passion, elle ne s'affranchit pas de ses propres lois. Tous les entraînements du cœur ne peuvent faire en sorte qu'elle unisse des termes contradictoires s'il s'en présente de tels et si elle en aperçoit la contradiction. Si le sentiment peut faire naître l'erreur et présider à la construction d'un système erroné, l'erreur ne pourra durer que si la cause qui l'a produite, continuant à agir, écarte les contradictions qui l'anéantiraient ; outre son influence positive, il faut que le sentiment exerce une influence négative.

En fait, on peut dire que l'influence du sentiment, comme cause de l'erreur, est limitée par les nécessités de la vie pratique. Quels que soient les mouvements de leur sensibi-

lité, un homme ou un peuple ne peuvent se faire illusion
sur les conditions de la vie; il y a un certain nombre de
vérités qui s'imposent d'elles-mêmes et qu'il faut reconnaître
sous peine de mort. Peut-être y a-t-il aussi des conceptions
trop contraires à l'expérience pour avoir chance de subsister; ici pourtant il faut être sobre d'affirmation. Stuart
Mill[1] cite l'exemple d'un peuple sauvage qui attribuait à des
colliers de corail la propriété de pâlir chaque fois que ceux
qui les portaient étaient malades. La médecine du moyen
âge a longtemps admis comme infaillibles des prescriptions
qui n'étaient pas moins clairement réfutées par l'expérience;
peut-être en trouverait-on encore de semblables dans la
médecine moderne[2]. A coup sûr, il y a un grand nombre de
préjugés analogues qui survivent dans nos sociétés modernes, malgré les démentis répétés de l'expérience.

En tout cas, les vérités qui, s'imposant d'elles-mêmes,
mettent un frein aux emportements de la passion, sont en
fort petit nombre. Le plus souvent il faut aller au-devant de
la vérité, et non pas l'attendre; on ne la trouve qu'en la
cherchant, et la nature ne se charge pas de réfuter nos
erreurs. Il était nécessaire de faire des expériences pour connaître la pesanteur de l'air, et il n'était pas évident à première vue que la nature n'a pas horreur du vide; mais comment prendre l'initiative nécessaire pour découvrir le vrai
si on se complaît dans une explication erronée? L'attache-
ment qu'on a pour une erreur empêche de l'abandonner.
La même cause qui l'a fait naître la conserve, et l'habitude
aidant, par un étrange renversement, la passion agit comme
force d'inertie et étouffe toute spontanéité.

En outre, dans bien des cas, elle empêche de voir les contradictions visibles que l'expérience présente d'elle-même.

1. *Log.* V, IV, 3.
2. L. PRASSE, *le Magnétisme animal (Revue des Deux-Mondes*, 1812).

Si le phénomène de la cristallisation psychologique est possible, ce n'est pas seulement parce que l'attention est dirigée de préférence vers les qualités des personnes ou des choses qui flattent une passion dominante, c'est aussi parce qu'elle est constamment détournée des choses qui la contrarient. Combien d'hommes enclins au merveilleux, et vivement frappés des moindres coïncidences qui semblent donner raison à leur superstition, ne voient pas les cas bien plus nombreux qui la contredisent : tant il est vrai que l'esprit ne voit dans les choses que ce qu'il y cherche.

Parfois même ce n'est plus d'une manière inconsciente et naïve que se manifeste cette aversion de l'esprit pour les choses qui nous déplaisent. Combien d'hommes écartent comme importunes certaines idées, et ferment les yeux sur certains faits? Par une sorte d'appréhension qu'ils n'osent s'avouer à eux-mêmes, ils détournent leurs pensées de certains objets, ils se réfugient, mécontents d'abord et comme inquiets, dans le cercle des idées qui leur sont agréables, jusqu'à ce que l'habitude les aide à dissiper les derniers scrupules. — Mais ici nous voyons, avec la conscience, apparaître une nouvelle cause d'erreur : la volonté.

Il serait superflu d'insister plus longtemps sur des phénomènes qui ont été si souvent décrits. Nicole, dans l'admirable chapitre de la *Logique du Port-Royal* sur les sophismes du cœur, Malebranche dans la *Recherche de la vérité*, tous les moralistes enfin ont finement analysé et décrit les faits qui témoignent de l'influence du cœur sur l'esprit. — L'esprit est souvent la dupe du cœur, comme l'a dit l'un d'eux; mais il n'est dupe du cœur que parce qu'il en est d'abord l'esclave.

II. — A ne consulter que le témoignage de la conscience et l'expérience que nous avons de nous-mêmes, il ne paraît pas douteux qu'à l'influence exercée par le sentiment ne vienne s'ajouter celle de la volonté libre. Au lieu de laisser le mouvement d'images et d'idées s'accomplir de lui-même au gré de notre fantaisie, nous pouvons le diriger volontairement vers un but déterminé. Parmi les idées qui se pressent comme pour entrer dans la conscience, il en est que nous écartons, d'autres que nous laissons aller avec tout le cortége d'idées accessoires qu'elles amènent avec elles. Une force nouvelle émerge en quelque sorte des profondeurs de notre être, prend la direction de nos pensées et de nos sentiments, et choisit librement parmi les possibles qui aspirent à l'existence. — Que l'acte par lequel nous immobilisons une idée devant la conscience pour lui donner le temps de développer toutes ses conséquences et d'évoquer toutes les idées complémentaires que notre esprit est capable de trouver, soit distinct de ces idées mêmes, c'est ce que personne ne contestera sérieusement. Il n'est pas moins différent, quelque analogie qu'on puisse signaler entre les deux fonctions, du sentiment ou du désir avec lequel nous nous attachons à certaines idées; le plus souvent, en effet, il consiste en un effort pour résister à la nature et lutter contre la passion. S'il y a une différence entre subir et agir, entre s'abandonner et lutter, le vouloir est différent du désir.

On peut bien dire, il est vrai, que si nous repoussons certaines idées et résistons à certains désirs, c'est que toujours une idée ou un désir contraire prévaut dans notre conscience; nous ne pouvons qu'opposer une idée à une idée, ou un désir à un désir; nous n'apercevons jamais directement la puissance nue de la volonté isolée de toute autre fonction. — Mais à tout le moins est-il incontestable que, suivant les apparences, ce n'est pas l'idée ou le désir qui est la condition de ce que nous nommons volonté. La conscience ne dit pas que le vouloir est en proportion directe de la clarté de l'idée ou de la vivacité du désir; bien au contraire, c'est la volonté qui paraît susciter l'idée, ou tout au moins la maintenir contre celles qui tendent à la supplanter.

On peut soutenir encore que c'est là une apparence trompeuse et insuffisante pour justifier une affirmation. — Il ne saurait être question de discuter ici sous toutes ses faces le terrible problème du libre arbitre, qui semble depuis tant de siècles défier les efforts des philosophes. — Tout ce que nous voulons remarquer, c'est qu'il est impossible de prouver expérimentalement qu'aucune détermination spontanée et libre n'apparaît au milieu de nos désirs et de nos idées.

Par cela même qu'on dénie à la conscience le pouvoir de saisir directement, en même temps que le phénomène, le sujet ou l'énergie qui le produit et se sent capable de choisir entre des résolutions contraires, on se retire le droit de parler d'autre chose que du phénomène tel qu'il apparaît, une fois réalisé dans la conscience. — Or, on l'aperçoit comme succédant à son antécédent, mais non pas comme relié à lui par un rapport de nécessité; il n'est pas, suivant l'expression de David Hume, « un effet prévu dans l'énergie de sa cause ». Il reste donc possible qu'entre son antécédent et lui quelque chose soit intervenu qui ait, en même temps que l'antécédent, contribué à le réaliser. En un mot, si on ne perçoit pas directement la liberté, on ne perçoit pas davantage la nécessité.

De dire, comme on le fait pour les phénomènes physiques, que le rapport entre l'antécédent et le conséquent est sinon nécessaire, du moins constant, c'est ce que n'autorise aucune observation, aucune loi sérieusement établie. C'est au contraire ce que l'expérience contredit à chaque instant, si on veut bien tenir compte de la variété indéfinie des suites d'idées chez les différents hommes, de l'opposition de leurs opinions et de leurs pensées. — Pour prouver

expérimentalement le déterminisme des pensées, il faudrait
qu'il fût possible, étant donné un certain état de conscience
décrit avec précision et rigoureusement mesuré, de déterminer sûrement l'état de conscience qui va suivre. Il est
clair que, dans l'état actuel de la science, nous sommes loin
d'avoir atteint un pareil idéal. Rien n'autorise à supposer
qu'on puisse jamais l'atteindre. Quant aux chiffres de statis-
tique dont on a fait grand bruit, ils n'ont rien de la précision
et de l'exactitude que la science réclame.

Si le sentiment est le principe moteur de l'intelligence,
la volonté nous apparaît comme un principe directeur et ré-
gulateur. — Incapable de faire naître d'elle-même une idée,
elle peut du moins lui donner l'occasion de se manifester.
Elle ne viole aucune des lois logiques, psychologiques ou
physiologiques auxquelles obéissent l'esprit, le cœur et les
organes, mais elle en détermine les diverses applications. En
ce sens, elle ne crée rien, et cela suffit pour qu'il soit toujours
nécessaire de faire au déterminisme sa part, et une grande
part. C'est toujours l'esprit qui connaît la vérité ou qui se
trompe ; mais s'il connaît la vérité ou se trompe, c'est en
vertu de la direction que lui imprime la volonté.

La plupart des philosophes parlent de la vérité comme si
elle s'imposait d'elle-même et faisait son chemin dans les
esprits avec une nécessité inéluctable. D'où vient pourtant
que tant de générations passées, que tant de peuples encore
à l'heure présente, n'aient eu aucune idée précise de ce
qu'est la science, ou soient obstinés dans les plus grossières
erreurs ? D'où vient que, même dans nos sociétés modernes,
tant de personnes soient étrangères à l'esprit scientifique et
se complaisent dans les préjugés les plus extravagants ou les
plus ineptes superstitions ?

Il n'est pas téméraire d'affirmer que si on pouvait addi-
tionner toutes les idées vraies et fausses qui ont été accueillies par l'humanité depuis qu'elle existe ; allons plus loin, si

on additionnait toutes celles qu'elle possède à l'heure qu'il
est, la somme des idées fausses serait de beaucoup la plus
considérable. Ce n'est pas la vérité qui est la règle ; ce n'est
pas l'erreur, c'est la vérité qui est l'exception. C'est seulement de la pensée de Dieu qu'on peut dire avec Leibniz
qu'elle va à la vérité.

Sauf des cas très-rares, la vérité ne se donne pas à nous ;
pour la trouver il faut la chercher, et pour la chercher il
faut la vouloir. L'emploi des procédés scientifiques nous
semble aujourd'hui naturel et presque nécessaire, parce que
nous vivons dans des sociétés façonnées par eux, parce que
nous y sommes habitués dès l'enfance. Mais il ne faut pas que
cette longue accoutumance nous fasse méconnaître l'acte
volontaire, le choix fait par d'autres et renouvelé par nous,
qui est à l'origine de cette habitude. Rien ne contraint l'esprit humain à chercher la vérité, et bien des choses l'en
détournent. Il est bien vrai, et nous avons insisté sur ce
point, que ce qui constitue la vérité, c'est le caractère de
nécessité avec lequel certaines idées s'imposent à l'esprit
humain ; mais il s'agit là d'une nécessité intellectuelle, et
non d'une nécessité de fait. Cette nécessité intellectuelle est
indépendante de ce que nous pouvons décider en tant qu'individus, et c'est pour cela qu'il y a une vérité. Mais elle
n'existe pour nous, en tant qu'individus, que si nous nous y
soumettons volontairement, que si nous nous offrons à son
joug ; et c'est pour cela que l'erreur existe.

C'est, en un sens, une nécessité consentie et même voulue.
Il faut vouloir pour écarter de notre esprit tant d'idées qui
nous agréent, mais qui n'ont pas de valeur intellectuelle ; il
faut vouloir pour attendre que la vérité nous apparaisse, et
ici, s'il ne suffit pas de vouloir pour pouvoir, on ne peut du
moins que si on veut ; il faut vouloir surtout et vouloir longtemps pour nous assurer par la méditation et par l'expérience
que les synthèses auxquelles notre esprit s'arrête ne sont pas

des jeux de l'imagination, mais représentent cette vérité qui ne dépend pas de nous et qui est la même pour tous les esprits. — La vérité n'est pas relative à notre esprit individuel, mais la connaissance que nous en avons est relative à notre volonté ; elle est notre œuvre personnelle et libre.

Par cela même que la volonté peut être, mais est rarement la cause de la connaissance vraie, elle est la principale cause de l'erreur. Quelle variété de préjugés, d'illusions, de superstitions entre les différentes races ; dans une même race, entre les différents peuples issus d'une même origine, soumis aux mêmes lois ; dans un même peuple, entre les différents individus nés sous le même climat, parlant la même langue, soumis à la même éducation ! Il est inutile de refaire ici le développement si facile et si cher aux sceptiques sur la multitude des contradictions humaines, car il va de soi que la plupart des thèses opposées sont erronées. Mais qu'on lise l'histoire et qu'on parcoure les récits des voyageurs, et l'on pourra voir sur ce double théâtre le jeu éternel de la liberté humaine, s'attachant aux plus étranges conceptions, s'affranchissant de la réalité et la dédaignant, créant enfin à côté du monde réel, qui ne cesse pas d'obéir à ses invariables lois, une foule de mondes chimériques et bizarres, impossibles pour la raison, possibles et plus réels que le vrai pour la volonté.

Il nous est aisé de comprendre par nous-mêmes comment la volonté conserve et développe les erreurs qu'elle a fait naître. Ne nous arrive-t-il pas de nous détourner volontairement des idées désagréables et capables de troubler notre quiétude ? Combien d'hommes qui ont, comme on dit, leur siège fait, et qui de propos délibéré ferment l'oreille à toute parole, les yeux à toute lecture qui contrarie leurs illusions ou ne flatte pas leurs préjugés ?

L'influence de la volonté peut aller encore plus loin ; jusqu'ici nous l'avons vue diriger la pensée, mais en respectant des lois propres et en leur donnant seulement l'occasion de s'appliquer. Mais l'usage que nous faisons de l'intelligence, lorsque l'habitude survient et la domine, peut altérer la faculté de penser ou du moins la rendre incapable de s'exercer, comme un organe inutile finit par s'atrophier. N'y a-t-il pas des hommes qui, à force de parti pris, deviennent à la lettre incapables de comprendre autre chose que ce qu'ils ont l'habitude de penser? Les précautions que prenait à l'origine la volonté pour écarter les idées nouvelles, capables de menacer ou d'entamer d'anciens préjugés, deviennent inutiles; on peut laisser apparaître les contradictions, ces intelligences paralysées ne les apercevront plus. — Un doute, en présence d'un tel spectacle, peut s'élever sur la nature de l'intelligence humaine; on se demande avec effroi si les sceptiques n'ont pas raison, si la loi la plus essentielle de l'esprit humain, le principe de contradiction, est vraiment universelle.

N'y a-t-il pas des esprits faux, inaccessibles par nature à la vérité, et condamnés par un vice radical à ne point reconnaître l'absurde? — Mais il ne faut pas que la seconde nature fasse oublier la première, ou que l'impuissance de quelques hommes mette en doute la puissance de l'esprit humain. — La volonté et l'habitude sont les auteurs de ce déréglement. Il n'y a point d'esprits faux, il n'y a que des esprits faussés.

En résumé, les lois de l'intelligence n'expliquent que la possibilité de l'erreur; ce qui la réalise et l'achève c'est le sentiment et la volonté. — Il y a du moral jusque dans la connaissance de la vérité scientifique. L'homme n'est capable de science que parce qu'il est libre; c'est aussi parce qu'il est libre qu'il est sujet à l'erreur.

On sera peut-être effrayé des conséquences morales d'une telle doctrine. Est-on responsable de ses erreurs, et est-ce un crime de se tromper? — Mais cette responsabilité serait, en tout cas, limitée de tant de manières qu'elle ne saurait être inquiétante. Personne ne soutient qu'il suffise de vouloir pour atteindre le vrai ; les idées qui sont les matériaux de la connaissance, les sentiments qui les mettent en œuvre ne dépendent pas directement de nous ; enfin, si on tient compte des exigences de la vie pratique, il est hors de doute que l'erreur, contingente en elle-même, peut être souvent nécessaire en fait.

Ces réserves faites, il est vrai que nous sommes souvent coupables de nos erreurs. Sans parler des circonstances où la précipitation du jugement nous éloigne de la vérité, n'y a-t-il pas dans la vie de chacun de nous un moment où nous voyons que la vérité doit être poursuivie au prix de pénibles et incessants efforts? Deux routes s'ouvrent devant nous : nous pouvons nous engager dans le rude chemin qui mène au vrai et soumettre notre esprit à une sévère discipline; il nous est loisible aussi de suivre la foule, d'accepter, les yeux fermés, ses erreurs et ses préjugés, et de vivre commodément, l'esprit endormi, comme les autres. — A coup sûr, les hommes n'ont pas à pénétrer dans le secret des consciences et à mesurer le degré de la responsabilité de chacun ; mais notre conscience ne porte-t-elle pas des jugements que nous ne saurions récuser, et qui peut dire qu'aux yeux de Dieu, il n'y ait pas des erreurs qui sont des crimes ?

CHAPITRE X.

Du principe métaphysique de l'erreur.

Il a été établi dans les pages qui précèdent que la pensée fausse est un mode positif de la pensée. Elle ne diffère pas essentiellement de la pensée vraie ; elle est formée d'après les mêmes lois. Elle est soumise, quant à son apparition dans un esprit individuel, aux mêmes influences du sentiment et de la passion. — Qu'il y ait entre elles une différence, c'est ce qui est reconnu par tous ceux qui ne sont pas sceptiques ; en fait, chacun de nous peut constater cette différence par les moyens ou les critériums qui ont été indiqués. — Mais le philosophe ne doit-il pas, laissant de côté tout ce qui est relatif à l'individu, se demander en quoi consiste et d'où vient la différence du vrai et du faux ? Qu'y a-t-il de plus dans la vérité que dans l'erreur ? Que manque-t-il à l'erreur pour être la vérité, et quelle est la nature de cette privation que l'erreur, quoique positive en un sens, enveloppe toujours ? Quels sont, en un mot, les rapports de ces deux contraires : la vérité et l'erreur ?

Bien plus, si c'est une chose au premier abord inoffensive et qui n'inquiète pas le sens commun, d'affirmer la réalité simultanée de la vérité et de l'erreur, à y regarder de près, cette proposition enveloppe une contradiction au moins apparente, et elle conduit à des conséquences auxquelles un philosophe n'a pas le droit de se dérober.

En effet, comme l'avait dit Platon, la vérité est à l'erreur ce que l'être est au non-être. Cette assimilation ne cesse pas d'être exacte si, laissant de côté toute considération de choses en soi, on définit la vérité une relation déterminée entre des représentations. Dans ce système il est encore exact de dire que ce qui est vrai, *est* ; il faut seulement sous-entendre que nous ne jugeons pas qu'une pensée est vraie parce que son objet *est*, mais qu'elle est à elle-même son objet, et qu'elle *est*, parce qu'elle est vraie. — Par suite, penser le faux c'est penser une chose qui n'est pas ; ce n'est pourtant pas ne rien penser, puisque l'erreur est une chose positive. Le faux est donc un non-être ; et admettre la coexistence de la vérité et de l'erreur, c'est admettre à la fois l'être et le non-être. — Dire que le faux correspond, non pas au non-être mais au possible, ce serait présenter la même difficulté sous une autre forme ; car comment comprendre la *réalité* du possible à côté du réel ?

Il y a donc là une difficulté qui reparaît dans tous les systèmes et qu'il faut résoudre. — Si c'est une question métaphysique, c'est qu'il y a une autre métaphysique que la métaphysique substantialiste.

I. — Historiquement, le problème des rapports de l'être et du non-être a reçu trois solutions ; il ne semble pas qu'on en puisse imaginer une quatrième. — La première est celle de Parménide, de Spinoza et de bien d'autres ; on en trouve une formule très-nette chez Parménide : « L'être est, le non-être n'est pas : tu ne sortiras jamais de cette pensée. » — Si l'on songe que pour ces philosophes la pensée est identique à son objet, la même solution s'applique d'elle-même au problème des rapports de la vérité et de l'erreur. — Tout ce qui est pensé est vrai ; on ne peut penser le faux. — L'être est un ; car s'il était multiple, l'une de ses parties, en tant que distincte de l'être, *autre* que l'être, serait un non-être. De même la vérité est une. Il n'y a qu'une idée, celle de l'être, qui soit vraie. — Une telle gageure est impossible à tenir.

Spinoza est déjà obligé de faire une place au non-être, ou, ce qui revient au même, à la pluralité. Seulement il ne peut concéder à la pluralité qu'une réalité apparente. Les modes n'existent que par l'être. L'être est la seule vraie réalité. Il est tout, et il est un tout. Dès lors le monde entier peut se déduire logiquement d'une seule idée; il est un théorème en marche. Tout ce qui est pensé est un mode de l'idée suprême, est cette idée même, par conséquent est vrai. Mais les modes peuvent être incomplets et imparfaits; c'est par là qu'ils sont faux. L'erreur n'est qu'une privation; il n'y a pas d'erreur si on veut donner à ce mot un sens précis et distinguer l'erreur de l'ignorance.

Nous avons déjà discuté et réfuté cette théorie. Elle méconnaît la nature de l'erreur pour l'expliquer. De plus, Spinoza n'évite pas la contradiction, puisqu'il identifie en dernière analyse la pluralité et l'unité, le non-être et l'être.

Il faut faire une place au non-être, au possible, à la pluralité; de là, une seconde solution du problème qu'on pourrait exprimer ainsi: L'être est, le non-être est. — Pour Descartes et pour Leibniz, le monde est, comme pour Spinoza, un tout. On peut le déduire d'une seule idée, et il y a une vérité absolue qu'une intelligence parfaite serait capable d'embrasser tout entière. — Cependant, il y a quelque chose en dehors de ce monde. Le monde est *un tout*, il n'est pas *le tout*. A côté de l'idée d'où toute réalité peut être déduite *a priori*, se trouvent les possibles.—Pour Descartes, puisque tout, même les vérités éternelles, dépend de la volonté divine, absolument indépendante et libre, une infinité de mondes sont, ou plutôt ont été possibles. — Pour Leibniz, la volonté divine a fait un choix entre une infinité de mondes que l'entendement divin représentait comme possibles.

Dans cette hypothèse on pourrait déjà attribuer une certaine réalité à l'erreur. Une pensée fausse serait l'apparition dans le monde actuel d'un fragment d'un de ces mondes possibles auxquels la volonté divine a refusé l'existence. Elle ressemblerait, si on veut, à ces aérolithes, débris d'un monde détruit, égarés dans l'espace, qui viennent se perdre et disparaître sur notre terre. — Il faudrait dire alors que ce qui manque à la pensée fausse pour être vraie, c'est l'acte de volonté ou de choix qui réalise le possible. Dès lors, l'erreur ne pourrait exister par rapport à la seule intelligence; elle ne serait possible que si l'existence réelle est foncièrement distincte de l'essence, si la volonté est le principe de l'être; sans la volonté il n'y aurait pas d'erreur. — Cependant, il reste à comprendre comment ces possibles, issus d'un autre monde, peuvent s'insérer dans le monde actuel, si bien lié dans toutes ses parties. Après tout, nous et nos pensées nous faisons partie du monde réel. Si tout, dans ce monde, est le développement continu d'un principe unique, nos idées sont logiquement contenues dans l'idée suprême qui résume et domine le monde; identiques à cette idée comme les conséquences sont identiques au principe, elles sont vraies comme elle. — Point de milieu, il faut déclarer impossibles ces éphémères et contingentes apparitions, ou renoncer à l'unité et à la continuité du monde.

En outre, et c'est ici surtout qu'éclate la contradiction intime de ce système, ces mondes et ces débris de mondes ne sont pas réellement possibles; on ne fait au non-être et à la pluralité qu'une concession apparente qu'on retire bientôt. Si, comme le veut Leibniz, la volonté divine est nécessairement déterminée à choisir ce qui est le meilleur ou le plus intelligible, il était réellement et éternellement impossible qu'aucun de ces mondes étrangers fût réalisé. — Si, comme le prétend Descartes, tout dépend de la volonté divine, on ne peut même attribuer à ces mondes la possibilité logique, par conséquent actuelle, et éternelle en un sens, que leur accorde Leibniz, car les lois de la pensée, d'après lesquelles on essaierait de les concevoir, font elles-mêmes partie du monde actuel, et auraient été différentes dans un autre monde. Comment un esprit d'homme concevrait-il un fragment d'un de ces mondes dont la possibilité même n'est pas sortie du néant et n'a fait, tout au plus, qu'apparaître à la volonté divine ? En réalité, une fois donné le choix divin, il n'y a de possible que ce qui est réel. Descartes est ici plus près de Spinoza que Leibniz. Il est vrai qu'il s'en éloigne beaucoup lorsque, dans le *Discours de la Méthode*, il semble admettre que même dans le monde actuel beaucoup de choses auraient pu être autres qu'elles ne sont. « Lorsque j'ai voulu descendre (aux choses) qui étaient « plus particulières, il s'en est tant présenté à moi de di-« verses que je n'ai pas cru qu'il fût possible à l'esprit « humain de distinguer les formes ou espèces de corps « qui sont sur la terre d'une infinité d'autres qui pour-« raient y être, si c'eût été le vouloir de Dieu de les y « mettre[1]. »

Dans tous les cas, pour qu'il y eût dans le monde actuel de véritables possibles, il faudrait que le monde ne fût pas un système clos et définitif, en un mot, qu'il n'y eût pas de vérité absolue actuellement déterminée. C'est ce que ne pouvaient accorder ni Descartes ni Leibniz. — Aussi leurs conceptions (celle de l'erreur chez Descartes, celle du mal chez Leibniz) se ramènent-elles à celle de Spinoza.

La pensée fausse n'est, en dernière analyse, qu'une pensée confuse, une perception qui n'a pas eu le temps de devenir claire et distincte. — L'erreur n'est toujours qu'une privation d'intelligibilité.

Une troisième solution du problème consisterait à dire : L'être n'est pas, le non-être est. — Le sens de cette formule, bizarre en apparence, est que l'être unique et continu, tel que l'ont conçu la plupart des métaphysiciens, n'est pas; d'autre part, le non-être, c'est-à-dire le possible qui n'est pas réalisé, est. Suivant cette doctrine, l'être n'est pas; il

1. *Méth.*, VI.

n'y a que des êtres. De même *la vérité* n'est pas, il n'y a que des vérités. En d'autres termes, il n'existe nulle part et pour aucune intelligence, une formule définitive qui contienne toute vérité présente, passée et future. La vérité se fait au jour le jour; elle n'est point déterminée à l'avance et définitivement. — On comprend dès lors que le non-être soit une réalité imparfaite, un possible commencé déjà, mais auquel il a manqué quelque chose pour s'achever; il subsiste à côté de l'être, comme l'ébauche à côté de l'œuvre achevée. Si les êtres sont multiples et distincts les uns des autres, il y a place pour les ébauches dans les intervalles qui les séparent. — De même, l'erreur sera réelle; elle sera la représentation de ces existences inachevées.

Leibniz faisait un pas dans cette voie, lorsqu'à l'être unique de Spinoza il opposait la pluralité des mondes possibles, et que dans le monde actuel il affirmait une pluralité infinie de monades. Ainsi dans l'antiquité, à l'unité absolue des éléates Démocrite avait opposé la pluralité des atomes et Platon la pluralité des idées. Seulement entraîné par l'esprit métaphysique, Leibniz ne faisait à la pluralité qu'une concession apparente, et il rétablissait l'unité au moment même où il semblait la supprimer. Au regard de chaque monade en effet, la pluralité est comme si elle n'existait pas, puisque les monades n'agissent pas les unes sur les autres. Dans ces petits mondes en raccourci, fermés à toute influence, les choses se passent exactement comme dans le monde de Spinoza. Tous les états par où passe successivement chaque monade sont contenus dans son état primitif: la vie est un théorème en action. En dernière analyse, ce qui constitue la réalité de la monade, c'est bien moins l'action ou la volonté que la loi ou formule logique à laquelle elle obéit; et Leibniz arrive à dire comme Spinoza que l'homme est un automate spirituel.

De même, chaque monade étant le miroir de l'univers,

tout se passe dans le monde comme dans la monade. Au-
dessus de la pluralité infinie des existences distinctes,
plane en quelque sorte la loi de cette harmonie qui est
préétablie et ne résulte pas du libre concours et du concert
des volontés particulières ; c'est en elle que s'absorbe toute
la réalité ; comme les lois de chaque monade qui n'en sont,
après tout, que des applications particulières, elle est une
formule d'où dérivent logiquement toutes les existences. —
C'est inutilement que Leibniz distingue en Dieu l'entendement et la volonté. La volonté étant déterminée par l'entendement, les possibles, enfermant éternellement en eux-
mêmes la contradiction qui devait les empêcher d'être
réalisés, étaient éternellement impossibles. La volonté n'intervient pour réaliser le monde que quand il a été préparé
et décidé par l'intelligence [1] ; elle ne fait que contre-signer
ce qui a été résolu sans elle et en dehors d'elle.

On peut concevoir que ce n'est pas seulement une fois,
dans le lointain du passé et comme à la dérobée, que la
volonté est intervenue pour distinguer le réel du possible.
Elle agirait encore sous nos yeux comme à l'origine. Elle
n'aurait pas décidé une fois pour toutes de ce qui sera :
elle déciderait à chaque instant de ce qui est. Ce n'est
pas en bloc sur la totalité de l'univers, sur le système
entier des choses qu'aurait porté sa décision ; elle inter-
viendrait encore dans le détail. En d'autres termes, au lieu
de reléguer la pluralité et le non-être en dehors du monde,
on leur ferait une place dans le monde actuel.

Dans cette hypothèse, on concevrait avec Leibniz le monde
comme composé d'une pluralité indéfinie de monades ;
seulement la monade ne serait plus un système clos et définitif, se développant d'après une formule déterminée à
l'avance. Le devenir, avec toutes les indéterminations qu'il

1. Cf. P. JANET, *les Causes finales*, liv. II, ch. IV, p. 585.

comporte, ne serait plus une apparence, mais une réalité. Entre deux des états par où passe la monade, on ne pourrait plus trouver une infinité d'intermédiaires, si bien que le dernier soit en dernière analyse identique au premier : mais la loi de continuité serait rompue ; ce n'est pas analytiquement, mais synthétiquement que s'accomplirait l'évolution des êtres. Non-seulement il y aurait entre leurs diverses manières d'être des intervalles, si minimes qu'on les suppose d'ailleurs ; mais s'ils franchissent ces intervalles, ce serait par une action spontanée et contingente. Par suite encore, ce qui serait vraiment réel en eux, ce ne serait pas la loi de leur développement, puisqu'elle ne pourrait être déterminée et connue qu'après coup, mais l'action et la volonté qui choisiraient entre les divers possibles. En un mot, soit dans chaque monade, soit dans l'univers, il faudrait reconnaître la discontinuité et la contingence. — L'être se ferait lui-même, non pas en ce sens qu'il agirait isolément d'après un plan tracé, mais en ce sens qu'il déterminerait lui-même l'œuvre qu'il veut accomplir : il ne serait pas un artisan qui remplit une tâche prescrite, mais l'artiste qui conçoit, crée et exécute.

Il resterait sans doute à comprendre ensuite comment l'ordre et l'harmonie des choses peut se concilier avec une telle doctrine ; et on ne peut nier qu'on se trouverait en présence de graves difficultés. Mais, quelles que soient ces difficultés, il faut savoir qu'on s'expose à les rencontrer quand on affirme que l'erreur est une chose positive. L'erreur est à la vérité ce que le non-être est à l'être, le discontinu au continu, la contingence à la nécessité : affirmer la réalité de l'erreur, c'est affirmer la réalité de la pluralité, du non-être, du discontinu, de la contingence.

II. — Une telle conception de la vérité et du monde était *a priori* inconciliable avec la science tant que la méthode rationnelle y régnait sans partage et qu'on cherchait « les effets par les causes ». — Est-il possible de l'admettre aujourd'hui qu'on se fait de la science une tout autre idée, et que la méthode expérimentale a définitivement conquis ses titres? — Il semble, à première vue, qu'on ne puisse faire à cette question qu'une réponse négative.

Comment concevoir, en effet, qu'il y ait de la contingence dans le monde lorsque la science découvre à chaque instant des lois nécessaires, et que l'universel déterminisme est considéré par les autorités les plus compétentes comme la condition même de la science? La loi de continuité, affirmée *a priori* par Leibniz, n'est-elle pas à son tour vérifiée à chaque instant, dans les moindres détails de l'univers? Sans doute, la méthode expérimentale, à l'inverse de la méthode rationnelle, considère les détails avant de s'attacher à la vue de l'ensemble : mais en rapprochant les divers fragments de vérité qu'elle nous fait connaître, ne voyons-nous pas se reconstituer comme de lui-même un vaste système dont toutes les parties s'enchaînent rigoureusement, et dont l'unité est la loi suprême? N'est-il pas vrai que toutes les sciences, après avoir été inductives, deviennent déductives, et n'entrevoit-on pas dès à présent une vérité totale qui domine et résume toutes les vérités particulières, et d'où il sera possible de déduire un jour, bientôt peut-être, toutes les applications particulières? Aussi voit-on des esprits éminents, adeptes fervents de l'expérience et de l'observation, revenir à une conception des choses, tout à fait analogue à celle de Spinoza, et invoquer en sa faveur l'autorité d'une méthode que Spinoza a formellement condamnée. « Dans ce grand phénomène de l'univers, il n'y a « d'impossible que ce qui n'est pas. La réalité y est la seule « mesure de la possibilité. Tout ce qui est réel est possible, « et tout ce qui est possible existe[1]. »

1. L. PEISSE, *le Magnétisme animal* (*Revue des Deux-Mondes*, 1842).

Le monde est ainsi conçu comme un système fermé, gouverné par une logique interne.

La discontinuité et la contingence n'existent qu'au regard de notre pensée imparfaite : l'être est un, continu, et nécessaire, si notre connaissance est discontinue et contingente. D'où il suit, comme le pensait déjà Descartes, que la méthode expérimentale n'est qu'un expédient provisoire. Elle est un échafaudage qui disparaîtra, une fois l'édifice construit. Nous n'avons recours à elle aujourd'hui que pour mieux l'abandonner dans la suite. Dans les sciences expérimentales « le procédé inductif est l'unique cause de « notre ignorance [1] ». Le vrai type de la science est la géométrie. « On arrive à considérer les sciences de construction « comme un exemplaire préalable, un modèle réduit, un in- « dice révélateur de ce que doivent être les sciences d'expé- « rience, indice pareil au petit édifice de cire que les archi- « tectes bâtissent d'avance avec une substance plus maniable « pour se représenter en raccourci les proportions et l'as- « pect total du grand monument qu'ils sont en train d'élever « et que peut-être ils n'achèveront jamais [2]. » — « Lorsque « par l'intermédiaire de l'expérience les différentes sciences « se seront constituées, on découvrira une formule unique, « définition génératrice, d'où sortira, par un système de « déductions progressives, la multitude ordonnée des autres « faits [3]. » Cette première proposition de chaque science, « créatrice universelle, engendre un groupe de propositions « subordonnées qui à leur tour produisent chacune un nou- « veau groupe, et ainsi de suite, jusqu'à ce qu'apparaissent « les détails multipliés et les faits particuliers de l'obser- « vation sensible, comme on voit dans un jet d'eau la gerbe « du sommet s'étaler sur le premier plateau, tomber sur

1. TAINE, De l'Intelligence, liv. IV, ch. III.
2. Ibid.
3. TAINE, Phil. class. De la Méth., p. 350.

« les assises par des flots chaque fois plus nombreux, et
« descendre d'étage en étage jusqu'à ce qu'enfin les eaux
« s'amassent dans le dernier bassin où nos doigts la tou-
« chent. » —Enfin, au-dessus de ces propositions générales
qui dominent chaque science, « au nombre de cinq ou six »,
on découvrira la loi suprême, d'où elles se déduisent. « L'ob-
« jet final de la science est cette loi suprême, et celui qui d'un
« élan pourrait se transporter dans son sein y verrait, comme
« d'une source, se dérouler par des canaux distincts et ra-
« mifiés, le torrent éternel des événements, et la mer infinie
« des choses.... Toute vie est un de ses moments. Tout être
« est une ses formes, et les séries des choses descendent
« d'elles, selon des nécessités indestructibles, reliées par
« les divins anneaux de sa chaîne d'or. L'indifférente, l'im-
« mobile, l'éternelle, la toute-puissante, la créatrice, aucun
« nom ne l'épuise, et quand se dévoile sa face sereine et
« sublime, il n'est pas d'esprit d'homme qui ne ploie, cons-
« terné d'admiration et d'horreur. »

Si on voulait s'en tenir à la pure logique, on se convain-
crait aisément que cette conception métaphysique ne trouve
pas dans les sciences le point d'appui qu'elle se flatte d'y
rencontrer.

D'abord eût-on découvert la loi suprême d'où se déduit
tout le reste, une formule, avec tout ce qu'elle contient,
n'est qu'une idée. Comment passer de l'idée à l'être, de la
pensée à la réalité ? — Les anciens métaphysiciens, procédant *a priori*, affirmaient que l'essence enveloppe l'existence ;
on voudrait éviter une pareille affirmation, trop contraire à
l'esprit de la science moderne, et pourtant il faut bien en
revenir là. « Nous devons toujours nous souvenir, dit le
« même philosophe, que le principe de raison suffisante
« n'affirme aucune existence, qu'il ne *pose pas*, mais suppose
« un caractère général... Pour tirer les deux axiomes du
« royaume idéal et les introduire dans le monde réel, il faut,

« *par l'expérience, constater* en outre, d'une part, qu'il y a,
« *en fait*, des choses distinctes et douées de caractères géné-
« raux, d'autre part qu'il y a *en fait*, des mobiles doués d'un
« mouvement rectiligne uniforme ou en repos. — Ce recours
« à l'expérience est-il toujours indispensable ? N'y a-t-il
« qu'elle qui puisse prouver l'*existence ?* Puisque l'existence
« est un caractère général et le plus général de tous, ne
« doit-on pas conclure de notre axiome, que, comme tout
« caractère général, l'existence a sa condition ou raison
« explicative autre qu'elle-même ? Les mathématiciens ad-
« mettent aujourd'hui que la quantité réelle n'est qu'un cas
« de la quantité imaginaire, cas particulier et singulier où
« les éléments de la quantité imaginaire présentent certaines
« conditions qui manquent dans les autres cas. Ne pourrait-
« on pas admettre de même que l'existence réelle n'est
« qu'un cas de l'existence possible, cas particulier et singu-
« lier où les éléments de l'existence possible présentent
« certaines conditions qui manquent dans les autres cas ?
« Cela posé, ne pourrait-on pas chercher ces éléments ou
« ces conditions[1] ? »

Mais tant qu'on cherche ces conditions, cette raison explicative de l'existence, on ne sort pas de l'idéal ; fussent-elles
trouvées, il resterait toujours à franchir l'intervalle qui sépare
ce qui est pensé de ce qui est. La difficulté n'est que reculée.
Or Kant a démontré l'inanité de ces raisonnements ontolo-
giques et prouvé l'impossibilité de conclure jamais l'existence d'une idée. L'idéal et le réel sont deux choses d'ordre
différent. Il ne reste donc qu'à considérer l'existence comme
un *fait*, comme une donnée irréductible. En procédant
ainsi, on reste fidèle à la méthode expérimentale, mais on
avoue que la logique n'explique pas le dernier mot des
choses. On admet à côté de la formule, ou de l'élément in-

---

1. *De l'Intell.*, Conclusion.

telligible, un principe hétérogène, que nous ne pouvons, si nous voulons nous en faire une idée, nous représenter que comme une volonté.

Dira-t-on qu'il faut, il est vrai, ajouter à la formule suprême l'existence comme une donnée irréductible, mais que cette réalité une fois posée, tout en dérive nécessairement, et que le monde est toujours « un théorème en marche » ? — Il serait étrange de faire intervenir à l'origine des choses comme un *Deus ex machina*, la volonté ou tel autre principe irréductible à l'intelligence qu'on voudra imaginer, et de la faire disparaître ensuite en lui déniant toute action sur les choses de ce monde. Cependant, même en adoptant cette manière de voir, peut-on dire qu'on *déduira* toutes les existences particulières en suivant le chemin inverse de celui que l'induction a parcouru ?

Mais plus la formule suprême obtenue par analyse sera générale, plus elle sera vide, et plus il sera impossible d'en rien tirer par le raisonnement. Si, partant de cette formule, nous pouvons reconstituer l'ensemble des choses, c'est à condition de savoir, au préalable, quelles sont les différentes formes que l'être a prises *en fait*; ce n'est jamais par la considération de cette unique formule que nous le découvrirons.

Si, par exemple, la formule est une loi analogue à celle de la gravitation, nous pouvons savoir que des phénomènes mécaniques sont sortis les phénomènes physico-chimiques, et de ces derniers les phénomènes biologiques; mais cette série de faits, ce n'est point la déduction, c'est l'induction qui nous l'aura fait connaître; ce n'est point logiquement et *a priori*, c'est empiriquement et *a posteriori* que nous l'aurons déterminée. Il est clair, en effet, que de la simple idée du mouvement nous ne saurions déduire celle des qualités physico-chimiques, ni de l'idée de celles-ci l'idée des qualités biologiques. — Mais si le lien qui unit

pour nous les différents termes de la série est un lien historique, de quel droit affirmer que dans la réalité il est un
lien logique ? Si le monde n'est pas une déduction même
par notre esprit, de quel droit soutenir qu'il est une déduction en réalité ?

De même, on peut dire en un sens que les premiers phénomènes de la série étant donnés, les seconds *devaient*
apparaître; mais il s'agit alors d'une nécessité relative et
hypothétique, non d'une nécessité logique et absolue. Ils
devaient suivre *en fait*, si on suppose que le monde devait
être ce qu'il est. De quel droit transformer cette nécessité
empirique en nécessité logique ?

De deux choses l'une : ou la formule qui sert de point de
départ n'a d'autre signification que celle des termes qui
l'expriment. Dès lors, on n'en peut tirer analytiquement la
pluralité des êtres, il n'y a pas de déduction. Ou cette formule contient par avance ce qu'elle est chargée d'expliquer;
on la définit de telle sorte qu'elle contienne déjà expressément les diverses vérités qu'on en tirera par la suite ; elle
ressemble à ces prophéties qui prédisent l'avenir après coup.
Alors il y a bien une déduction qui peut même être utile
pour résumer et surtout pour enseigner la science. Mais
croire qu'elle prouve quelque chose, imaginer que parce
qu'il nous a plu de renverser l'ordre de nos idées et de les
lier d'une certaine façon, les choses sont liées de même,
serait le pire des sophismes. C'est d'une telle déduction
qu'on pourrait dire avec raison ce que Stuart Mill disait à
tort de tout syllogisme : c'est une pétition de principe.

Pour qu'il y eût vraiment une déduction, il faudrait que
la formule étant donnée, on pût, comme dans les mathématiques, la suivre dans toutes ses transformations, et retrouver
ainsi toutes les idées que nous avons des choses ; il faudrait
en un mot que les diverses catégories pussent se déduire
les unes des autres. Mais nous ne trouvons rien de tel chez

les philosophes qui se flattent de réduire le monde à un théorème.

Dira-t-on qu'à cette déduction *a priori*, manifestement impossible, on substitue une déduction en quelque sorte empirique, puisqu'on constate, *en fait*, que les êtres se transforment les uns dans les autres ? Mais comment l'expérience pourrait-elle nous apprendre qu'une chose en *devient* une autre ? Quoi qu'on fasse, l'expérience ne peut que nous donner deux idées ou deux sensations distinctes ; entre les deux choses représentées par ces sensations, nous pouvons *supposer*, nous ne *prouvons* pas une identité. Soutenir que nous voyons expérimentalement une transformation quelconque, c'est confondre la méthode rationnelle avec l'expérience ; c'est prendre l'interprétation de l'expérience pour l'expérience. Il y a toujours en fait, un hiatus, une solution de continuité. C'est ce que David Hume a définitivement démontré.

Mais il n'est pas vrai que dans l'expérience une chose en *devienne* une autre, d'elle-même et sans secours extérieur. On ne voit pas, jusqu'ici du moins, que les phénomènes physico-chimiques s'organisent d'eux-mêmes, et forment un être vivant, si un autre être vivant, préalablement existant, ne vient exercer sur eux une mystérieuse influence. De même la vie, étant essentiellement une relation de finalité, ne peut se comprendre si elle n'est précédée d'une prévision, de quelque nature qu'elle soit, par conséquent de l'action d'une pensée, si confuse qu'on la suppose.

En dernière analyse, ceux qui veulent réduire le monde à un théorème commettent un sophisme. Voulant prouver au nom de l'expérience que le monde forme un tout continu et nécessairement enchaîné, au lieu de constater un lien de continuité et d'identité, ils le supposent *a priori;* et ils ne le constatent que parce qu'ils l'ont d'abord supposé. Mais c'est sa propre loi, et non celle de la nature que l'esprit retrouve dans un système de propositions qui est son œuvre, et qui ne lui est pas donné par l'expérience.

En réalité, la science expérimentale nous présente les différents phénomènes qui s'accomplissent dans l'univers comme une multitude de points distincts, que nous pouvons relier entre eux par un trait continu; mais ce trait, c'est nous qui le traçons. Il ne marque pas à l'avance la route que le monde doit suivre; il constate celle qu'il a suivie, et rien ne nous autorise à dire que cette ligne soit la seule ou la plus parfaite et la plus régulière qui pût être tracée. De même, nous pouvons constater que les divers phénomènes se succèdent actuellement suivant un ordre nécessaire, mais nous ne devons pas transformer cette nécessité de fait en nécessité logique et absolue. — Elle existe à l'heure présente, voilà ce que nous savons; qu'elle dût exister, nous l'ignorons. Une habitude depuis longtemps contractée nous fait agir avec une véritable nécessité; s'ensuit-il qu'il nous fût impossible de ne pas la contracter? Les phénomènes se présenteraient à nous de la même manière, et la méthode qui sert à les connaître serait la même, si le monde, au lieu d'être le développement continu d'un principe unique, résultait de l'effort d'une volonté libre travaillant à réaliser des états de plus en plus parfaits; ou d'une multitude de volontés travaillant à se mettre d'accord sous des lois communes, que d'ailleurs elles n'auraient point faites, et qui détermineraient les limites dans lesquelles peut s'exercer leur action. — Dès lors, comment conclure de la nature actuelle des phénomènes et de la méthode qui sert à les découvrir, que le monde est continu et nécessaire?

Or, le monde fût-il actuellement un système défini où tout s'enchaîne nécessairement, il suffirait qu'il fût contingent dans son origine et n'eût été fixé que peu à peu pour qu'il fût nécessaire de faire une place au non-être. — Autour des points distincts, actuellement reliés par un trait continu, il y a d'autres points qui ne forment pas de lignes régulières et ne mènent à rien. Ce sont les routes que le monde aurait pu prendre, et qu'il n'a pas prises, qu'il a essayées peut-être, et qu'il a abandonnées ; ce sont de véritables possibles, auxquels il n'a manqué, pour devenir des réalités, qu'un acte de volonté qui les choisit parmi tant d'autres. Penser ces possibles, c'est penser une chose qui est en un sens ou qui a été, c'est une pensée positive et pourtant fausse. L'erreur s'explique dans la pensée aussitôt qu'on admet la réalité du possible et du non-être.

Mais c'est encore trop peu sans doute de rejeter le non-être et le possible en dehors du monde actuel, tout en leur attribuant une valeur positive. Même dans le monde tel qu'il est, l'enchaînement n'est pas si rigoureux et si continu qu'il ne laisse encore quelque place au jeu de la contingence et de la liberté.

Ne peut-on concevoir dans les régions inférieures de l'être une part de contingence, si minime qu'elle échappe à notre imparfaite observation et puisse être absolument négligée ? C'est ainsi, à peu près, que nous concevons que la matière n'est pas inerte. — A mesure qu'on s'élève, on voit apparaître une multitude de détails, de variétés qui échappent à toute prévision ; avec la vie naissent le caprice et la mobilité indéfinie des formes, et dans le règne végétal ou animal, les monstres s'écartent de la règle commune. On peut sans doute les expliquer par les lois mécaniques ; mais il va de soi que si une force libre agissait dans le monde, son acte, à peine accompli, tomberait sous les lois préexistantes, et ses conséquences se trouveraient ainsi déterminées ; mais il reste toujours que la primitive impulsion pouvait n'être pas donnée. — Bien plus, nous voyons que la volonté de l'homme se jouant au milieu des séries de causes et d'effets, et s'insinuant dans les intervalles qui les séparent, se substitue à la nature et produit à son gré des monstres ou des espèces nouvelles. Dira-t-on encore que tout le possible est réel ? Les espèces que, d'après la théorie de Darwin, l'art humain est capable de produire ne deviennent-elles possibles qu'au moment où nous les réalisons ? Sans doute elles ne sont possibles *pour nous* et par ces moyens qu'à ce moment : la science est la condition de cet exercice de *notre volonté*. Mais de quel droit soutenir qu'une *autre* volonté instruite d'une autre science, ou même n'étant instruite d'aucune science, ne pouvait faire avant nous ce que nous faisons ?

Enfin, quand on arrive à la sphère de la pensée, la part de la contingence augmente avec la conscience ; les combinaisons qui, d'après les lois de l'entendement, peuvent être formées entre les idées, sont en nombre indéfini. Elles s'expliquent toujours par les lois de la pensée, comme les monstruosités par les lois physiologiques; il y a une tératologie de la pensée. Mais, on l'a vu ci-dessus, c'est la volonté qui les réalise. Là précisément, parce que la volonté est plus libre, le monstre, c'est-à-dire l'erreur, n'est plus l'exception ; il pullule en quelque sorte et menace sans cesse d'étouffer la vérité. Si, à l'heure qu'il est, le monde matériel obéit paisiblement à des lois qui ne sont plus troublées, nous voyons se produire dans l'âme de tous ceux qui veulent se délivrer de l'erreur des efforts analogues à ceux dont la terre fut le théâtre lorsqu'elle produisit tant de monstres aujourd'hui disparus, et qui ne sont plus que les témoins des luttes que les volontés eurent à soutenir avant de s'être assouplies et subordonnées à des lois désormais constantes.

En résumé, il n'y a aucun lien nécessaire entre la science ou la méthode expérimentale et la doctrine de la continuité. Bien entendu, la nécessité où nous sommes d'employer la méthode expérimentale ne prouve pas non plus la doctrine contraire. La question de l'essence des choses ne saurait être résolue *a posteriori*. — Mais c'est déjà beaucoup de constater que la science peut subsister, intacte, dans l'hypothèse de la discontinuité et de la contingence.

On peut même faire un pas de plus. Si la doctrine de la continuité est vraie, la méthode expérimentale peut, sans doute, conserver une certaine valeur, éphémère cependant et toute provisoire. Si la doctrine de la discontinuité est vraie, la méthode expérimentale ne serait plus seulement utile, elle serait nécessaire ; elle serait la condition de toute science, puisque l'existence, ou plutôt toutes les existences ne pourraient être déduites logiquement, mais devraient être constatées comme des *données* ou comme des *faits*. Elle ne serait plus un expédient qu'on emploie faute de mieux ; elle aurait toute sa valeur, non-seulement pour notre esprit borné, mais pour toute intelligence, quelque parfaite qu'on la suppose. « L'expérience « est l'éternelle source et l'éternelle règle de la science, en « tant que celle-ci veut connaître les choses d'une manière « vraiment objective, c'est-à-dire dans leur *histoire*, en « même temps que dans leur *nature* qui n'est, en définitive, « qu'un de leurs états[1]. »

III. — En réalité, c'est seulement *a priori* qu'on peut résoudre la question de l'être et du non-être, ou, en d'autres termes, de la nécessité et de la contingence. — Le spectacle du monde, tel que la science actuelle nous le découvre, nous laisse, après tout, libres de choisir entre les deux explications. Mais n'y a-t-il pas quelque raison *a priori*, quelque nécessité métaphysique ou logique qui nous oblige à préférer l'une à l'autre ? — C'est ce qu'ont soutenu la plupart des métaphysiciens ; il faut avouer que les raisons qu'ils invoquent ne sont pas sans valeur.

1. E. BOUTROUX, *De la Contingence des lois de la nature*. Conclusion, p. 165.

Comment refuser d'admettre le principe de causalité?
Et comment, si on l'admet et si on l'applique avec rigueur,
supposer qu'il puisse rester une place à une puissance indé-
terminée qui produirait d'elle-même un acte nouveau, non
contenu dans les antécédents, et serait vraiment créatrice?
— Il n'y a point de milieu: il faut renoncer au principe de
causalité ou au libre arbitre.

Or, Kant, et d'autres après lui, ont clairement prouvé que
la loi de causalité est une loi essentielle de la pensée. Les
choses ne peuvent entrer dans la pensée, c'est-à-dire être
objet de science que si elles lui sont soumises. Il faut donc
exclure le libre arbitre ou abandonner la science.

Il semble qu'il y ait là un argument contre la liberté. En
réalité, si on sacrifie le libre arbitre à la science, il n'y a
qu'une simple affirmation, un choix assez arbitraire entre
deux solutions que la question comporte. — En effet, nous
ne pouvons nous représenter le monde que d'après nous-
mêmes, et nous nous apparaissons, nous sommes donnés à
nous-mêmes comme intelligence et comme volonté. Dire
que tout dans le monde est objet de science, ou, ce qui
revient au même, que tout est soumis à la loi de causalité,
c'est se représenter le monde uniquement sous forme de
pensée, c'est dire que la pensée est la mesure de l'être.
Mais de quel droit trancher ainsi la question et éliminer un
élément qui nous est donné au même titre que celui qu'on
préfère? On se met d'ailleurs, en prenant ce parti, dans
l'impossibilité d'expliquer le libre arbitre qui existe au
moins à titre d'apparence, sans parler du problème connexe
de l'erreur, qui est, on l'a vu, insoluble dans cette hypothèse. On se trouve vis-à-vis de la croyance au libre arbitre,
dans une situation analogue à celle de Parménide lorsque,
ayant affirmé l'être immobile et un, il se voyait dans l'impossibilité de rendre compte du changement et de la pluralité dans le monde sensible.

Il n'est venu à l'esprit de personne de prétendre qu'il n'y a dans le monde que de la contingence ou de l'illogique; mais on peut soutenir que la liberté coexiste avec la pensée, soit qu'on les mette sur le même rang, soit qu'avec Descartes et Scott on suppose la pensée soumise à la liberté. — Il est vrai que c'est au premier abord une singulière hardiesse que d'admettre l'existence d'un élément irréductible à la pensée et, comme disent les Allemands, illogique[1]. Cependant cette conception présente certains avantages sur la précédente. D'abord, ces deux contraires sont, au moins en apparence, unis en nous d'après le témoignage de la conscience. En outre, tandis que l'intellectualisme ne peut faire aucune place au libre arbitre, la philosophie de la liberté peut faire une place à la nécessité. Il est possible, en effet, de concevoir que dans une partie de l'univers, dans le monde inorganique, par exemple, la part de contingence se réduise à si peu de chose qu'elle puisse être négligée sans inconvénient. Il est même possible qu'elle ait disparu; en effet, entre la contingence et la nécessité il y a un moyen terme qui est l'habitude; les lois qui nous paraissent et qui sont actuellement nécessaires, ne sont peut-être, en dernière analyse, que des habitudes contractées par des puissances analogues à celle que nous croyons être[2]. — Supposer que toutes les nécessités que nous connaissons soient des habitudes, c'est une conception à laquelle Berkeley et Mill nous ont depuis longtemps préparés.

Quoi qu'il en soit, et dût-on négliger les avantages logiques qu'une des deux conceptions peut présenter sur l'autre, il faut choisir. — On peut choisir délibérément la nécessité et exclure a priori la liberté; c'est, nous l'avons vu, le parti qu'a pris Spinoza en pleine connaissance de

---

1. V. P. JANET, la Métaphysique en Europe (Revue des Deux-Mondes, 15 avril 1877).
2. E. BOUTROUX, De la Contingence des lois de la nature. Conclusion

cause. C'est aussi le parti auquel se sont arrêtés la plupart des philosophes. Mais il faut bien qu'on sache que c'est un choix volontaire, et pour appeler les choses de leur vrai nom, un postulat. Pour notre part, en vertu de raisons morales, qu'il est inutile de développer ici, nous choisissons le parti de la liberté. De quelque façon que puissent s'harmoniser entre eux ces deux contraires, nous sommes persuadé qu'il existe au sein des choses, à côté de l'idée, un principe de liberté ou de contingence ou, pour parler comme les anciens, que le non-être coexiste avec l'être.

En résumé, dire, comme on l'a fait dans les chapitres précédents, que l'erreur est une chose positive, c'est attribuer l'existence au non-être, la réalité au possible.

Ces propositions ne sont pas contradictoires en elles-mêmes. — Elles signifient qu'il n'y a pas un être qui soit seul réel sous la diversité des apparences, mais qu'il y a des êtres distincts et multiples dont chacun est un non-être par rapport aux autres. — Elles signifient que tout ce qui est réellement possible n'a pas été réalisé. — Bien des choses auraient pu être vraies qui ne le sont pas. — Par suite, chaque être n'est pas une simple transformation d'un mode de l'être préexistant; il en est distinct en réalité comme en apparence. — Par suite encore, le passage d'un degré de la réalité à un autre degré s'explique, non par le développement, par le *processus* logique d'une idée, mais par l'action d'un principe distinct de l'idée, qui est la volonté. — Par suite enfin, la vérité n'est pas, si on entend par là une formule totale qui embrasse à l'avance tout ce qui est, a été ou sera. Il y a seulement des vérités. Il n'a pas été vrai de toute éternité que les choses seraient exactement telles qu'elles sont aujourd'hui; quoi qu'en dise Leibniz, il y a eu et il y a des *futurs contingents.* — Rien, par exemple, ne nous autorise à supposer qu'on puisse trouver une formule de l'évolution telle, que l'avenir du monde et des sociétés humaines soit connu d'avance. — La vérité, sauf pour le passé et les lois actuelles du monde, se fait et n'est pas faite.

Ces propositions ne sont pas en contradiction avec les croyances morales et religieuses de l'humanité; car si les êtres forment une série discontinue et pourtant ordonnée, si à chaque degré quelque chose apparaît qui n'était pas contenu dans les antécédents, la possibilité de ce progrès ne peut être comprise que s'il existe en dehors de la série des êtres une source suprême de perfection; la réalité de ce progrès, quels qu'en soient d'ailleurs les irrégularités et les écarts n'est intelligible que s'il existe en dehors de la terre une Fin ou un Bien suprême, c'est-à-dire un Dieu.

Ces propositions ne sont pas en contradiction avec la science. — Sans doute, tant que la science a procédé par déduction, il était impossible de les admettre. Mais l'application et le succès de la méthode expérimentale nous autorisent et peut-être nous induisent à penser que le monde est réellement multiple, discontinu et contingent.

Ces propositions ne sont pas en contradiction *a priori* avec les lois de l'esprit humain. — Sans doute, la théorie de la contingence originelle des choses, surtout celle de la contingence actuelle, quelque limitée qu'elle soit, choque nos habitudes d'esprit fortifiées par des traditions séculaires. Mais à y regarder de près, rien ne nous interdit de l'accepter; ses titres, aux yeux de la raison théorique, sont égaux à ceux de la doctrine de la nécessité. — En outre, s'il est difficile de la concilier avec la science, il est, non pas difficile, mais impossible de concilier la thèse de la nécessité avec la morale. — Enfin, et dans tous les cas, ce n'est que par un acte de choix, par un acte libre que les philosophes et savants, qu'ils le sachent ou non, choisissent entre les deux; l'une et l'autre ne sont que des postulats.

En d'autres termes, il n'est pas vrai, comme l'ont soutenu

tant de philosophes, que la pensée ou du moins l'idée soit
la mesure de l'être ; l'intellectualisme est une fausse doctrine. — Rien n'est qui ne soit intelligible ; mais il ne suffit
pas qu'une chose soit intelligible pour être réelle ; il faut
encore qu'elle soit réalisée par un principe autre que l'idée,
c'est-à-dire par la volonté. — De plus, la volonté n'est pas
déterminée par la valeur intellectuelle ou esthétique des
idées. L'essence des choses n'est pas l'intelligible, mais
l'intelligible uni à la volonté. Il faut faire une place à l'illogique à côté de l'élément logique ; plus simplement, il faut
compléter l'intellectualisme par la philosophie de la liberté.

C'est donc seulement à condition de joindre dans la pensée, comme le faisait Descartes, l'intelligence et la volonté
que l'on peut dire de la pensée qu'elle est la mesure de
l'être.

Dès lors, si l'erreur existe dans le monde, ce n'est pas,
du moins ce n'est pas toujours parce que la proposition fausse
n'est pas en elle-même suffisamment intelligible ; ce qui constitue l'erreur, ce n'est pas une privation d'intelligibilité,
c'est une privation de volonté. — L'erreur est de telle
nature qu'une intelligence, même parfaite, en tant qu'elle ne
serait pas identique à la volonté créatrice, ne serait pas
sûre de l'éviter. — Elle est nécessaire, en ce sens, non-seulement au point de vue pratique, mais au point de vue
théorique.

Ce qui rend l'erreur possible dans l'esprit individuel,
c'est, on l'a vu plus haut, l'union dans l'homme de l'entendement et de la volonté. — Ce qui rend l'erreur possible
envisagée en elle-même, c'est l'union dans le monde de
l'idée et de la volonté. — Il n'y aurait point d'erreur si l'intelligence était seule, si la volonté n'était pas. — Le principe
métaphysique de l'erreur est la liberté.

CHAPITRE XI.

Conclusion.

Si l'on convient d'appeler idéalistes les philosophes qui, dans la théorie de la connaissance, ne tiennent pas compte des choses en soi, on peut dire que toute métaphysique est idéaliste. — Spinoza, Platon, Descartes, Leibniz, sont idéalistes comme Kant. Les lois des choses sont pour eux identiques aux lois de l'esprit, les choses sont connues par les idées, et au fond ne sont que les idées. Si elles diffèrent des idées, c'est parce qu'on croit ou qu'on dit qu'elles sont; mais il n'y a rien de plus en elles que l'affirmation qui les pose; la croyance se fait illusion à elle-même, si en posant son objet elle se figure qu'elle en reçoit passivement l'impression. Dire que nous avons les idées des choses parce que les choses sont, c'est renverser les rôles; le seul fait immédiat, point de départ, depuis Descartes, de toute philosophie, c'est que nous avons les idées des choses; et, de l'aveu des dogmatiques, c'est en considérant les idées, ou plutôt, car ce mot est arrivé chez Platon à désigner même des choses, c'est en considérant les représentations ou les états de conscience que nous savons tout ce que nous savons des choses. — De quelque côté qu'on se tourne, la vérité réside donc uniquement dans un système de représentations ou d'idées.

Mais la différence entre l'idéalisme dogmatique et l'idéalisme kantien reparaît tout entière si on cherche quelle est la nature de ce système, et de quelle manière les diverses parties s'enchaînent les unes aux autres.

Pour l'idéalisme dogmatique, les représentations s'enchaînent d'après une loi nécessaire, et forment une série continue : la déduction *a priori* est la seule méthode légitime. — Pour l'idéalisme kantien, à côté des liaisons nécessaires, il y a place pour des liaisons de fait simplement données dans l'expérience. — L'idéalisme kantien est la métaphysique de l'expérience.

En outre, pour l'idéalisme dogmatique, l'idée vraie s'impose à la croyance. Dans l'idéalisme critique, la croyance est distincte de l'idée ; elle est libre. Il résulte de ces différences que l'idéalisme kantien est, bien plus que l'idéalisme dogmatique, capable d'expliquer l'erreur sans porter atteinte à la certitude. Outre qu'il n'a pas à surmonter cette difficulté, insurmontable pour le dogmatisme, d'expliquer comment des représentations peuvent être semblables à des choses, et de prouver qu'elles le sont, toutes les objections que les sceptiques ont si souvent tirées de l'existence de l'erreur et des contradictions d'opinions, ne peuvent plus être invoquées contre lui. — On comprend, en effet, que ces objections aient une valeur si l'esprit est considéré comme naturellement propre à connaître les choses telles qu'elles sont en soi, et si les choses étant réellement devant lui, il ne les aperçoit pas ou les dénature. De plus, si les idées vraies ont la propriété de s'imposer à la croyance, d'où vient que si souvent l'homme passe à côté de la vérité sans la reconnaître ou en la méconnaissant ?

Au contraire, si la pensée humaine n'a pas directement l'intuition de ce qui est, si au lieu d'entrer de plein pied dans l'absolu, elle doit, à ses risques et périls, reconstruire la vérité, et la deviner avant de la reconnaître, il devient naturel qu'elle fasse de vaines tentatives avant de réussir. Mais, par là même, les fautes qu'elle commet ne peuvent plus être un argument contre elle ; ses échecs ne prouvent plus son impuissance. Si un homme, cherchant son chemin, en prend un autre, on ne peut dire ni que la bonne route n'existe pas, ni que cet homme est incapable de la trouver.

L'erreur vient bien moins de l'impuissance de l'intelligence que de l'usage qui en est fait ; la responsabilité retombe sur les sentiments qui l'inspirent ou sur la volonté qui la guide. Dès lors, la vérité devient presque plus difficile à expliquer que l'erreur. On comprend la longue durée d'atroces superstitions chez des peuples sauvages ou civilisés, l'étrangeté de leurs usages, la bizarrerie de leurs lois, les périodes d'ignorance et de barbarie, l'immobilité de certaines nations, et les préjugés de tant d'autres. Les passions et les intérêts ligués contre la pensée l'ont souvent étouffée et ont mis obstacle au progrès. On serait tenté même de s'étonner que la vérité ait fini par triompher : de fait, elle aurait pu rester ignorée ; il n'y a rien de fatal dans sa victoire ; cette victoire même est l'œuvre contingente de la liberté.

Mais quelles que soient ces vicissitudes, elles n'ôtent rien à la certitude de la science une fois qu'elle est découverte ; l'interminable liste des contradictions humaines n'a plus rien qui nous surprenne ; nous pouvons la parcourir sans douter de nous-mêmes, et contempler, sinon sans tristesse, du moins sans découragement, l'effroyable règne de tant de préjugés et d'erreurs. Ce spectacle, loin de nous abattre, ne peut que nous donner un juste sentiment de confiance dans la puissance de l'esprit humain, et dans l'avenir de l'humanité quand elle aura brisé ses dernières entraves. — On n'a guère cru au progrès tant que l'on a cru à l'absolu ; et c'est une chose bien remarquable que l'idée nette et distincte du progrès ait fait son apparition si tard dans le monde, vers le temps où la méthode expérimentale faisait ses premières preuves[1].

Non-seulement le scepticisme est désarmé, mais, on l'a vu plus haut, il reste, au delà de la vérité démontrée, un vaste

---

1. E. CARO, *Problèmes de morale sociale*, ch. XI, II.

champ pour la croyance; à côté de la certitude scientifique, il y a place pour une certitude d'une autre nature; la métaphysique et la religion sont légitimes comme la science, quoique à des titres différents. Les constructions métaphysiques ou religieuses, en tant qu'elles sont pensées par chacun de nous, procèdent de la même activité spontanée et créatrice de l'esprit, qui découvre aussi en les reconstruisant les vérités de la science. Si l'esprit peut découvrir la vérité dans un cas, pourquoi ne le pourrait-il pas dans l'autre? De quel droit limiterait-on sa puissance? Pourquoi la même intelligence paraîtrait-elle tour à tour capable et incapable d'arriver au vrai? — Sans doute, il y a toujours entre la vérité scientifique et la vérité métaphysique ou religieuse cette différence capitale que l'une est et que l'autre n'est pas l'objet d'une vérification immédiate. Mais c'est là, après tout, une différence extrinsèque. Si la vérification est nécessaire pour que nous *sachions* que nos pensées sont vraies, ce n'est pas du moins la vérification qui en constitue la vérité; et enfin de ce que la vérification ne nous est pas actuellement donnée, on ne saurait conclure qu'elle ne le sera jamais. La vérité métaphysique et religieuse est donc rationnellement possible, et pourvu qu'il ne contredise aucune vérité démontrée, chacun a logiquement le droit de croire qu'il l'a trouvée. — Nous pouvons la connaître sans le *savoir*, puisque la science suppose dans la chose connue un caractère capable de s'imposer aux autres intelligences; mais nous pouvons y *croire*, et cette croyance, en tant qu'elle dépend de nous, est exactement de même nature, aussi entière, aussi certaine, dans le sens subjectif du mot, que celle que nous accordons à la vérité scientifique. La liberté, en effet, ne trouve par hypothèse aucun obstacle dans la raison; et comme elle se détermine elle-même, elle ne doit compte à personne des décisions qu'elle prend. Sans doute, en tant qu'elle est unie à une intelligence raison-

nable elle se doit à elle-même de ne rien admettre qui soit
contraire à cette intelligence, encore qu'elle le puisse; mais
elle ne doit rien aux autres volontés. La liberté de croyance
est absolue, en droit comme en fait; y porter atteinte, ce
serait attaquer le principe non-seulement de la croyance,
mais de la certitude et de la science. La liberté de croyance
ou de conscience n'est pas moins sacrée que la liberté de
penser.

Enfin, si la philosophie critique permet de concilier la
certitude scientifique et la certitude morale, ou plutôt la
certitude et la croyance, cette certitude et cette croyance
ne peuvent rester fidèles à leur origine que si elles sont
exemptes de fanatisme et d'intolérance.

Lorsque, parvenu à cet état où l'âme, désormais satisfaite,
se complaît dans une adhésion sans réserve à la vérité, on
croit y être arrivé par une intuition directe de l'absolu; lorsque la pensée ne fait plus qu'un avec l'être, comment ne pas
éprouver une sainte indignation contre ceux qui contestent
la vérité? comment, si on a le cœur plus aimant, ne pas
ressentir une profonde pitié pour ceux qui se trompent?
et une fois sur cette pente, il est difficile de ne pas se laisser
aller à employer tous les moyens, fussent-ils les plus vio-
lents, pour ramener les égarés. Si on les fait souffrir, n'est-
ce pas dans leur intérêt et pour leur bien? L'erreur n'est-
elle pas une maladie qu'il faut guérir par le fer et par le
feu, comme on guérit les plaies du corps? Le doux Platon
ne reculait pas devant ces terribles extrémités, et combien
d'autres après lui, également passionnés pour le bien et
animés des plus pures intentions, n'ont absorbé leur personne dans l'absolu que pour absorber en retour l'absolu
dans leur personnage?

Il ne saurait en être ainsi pour le philosophe critique.
Quelle que soit la plénitude de sa croyance, et sans en rien

perdre, il sait que bien d'autres avant lui ont également cherché la vérité, ont eu une égale certitude avec une égale bonne foi, et pourtant se sont trompés. C'est assez, non pour lui faire abandonner sa croyance, mais pour lui faire comprendre que, aujourd'hui encore, d'autres à côté de lui peuvent se tromper. Il reconnaît la liberté de l'erreur. Sa croyance est ferme sans fanatisme, circonspecte sans timidité, prudente sans irrésolution.

Lui-même, il s'en souvient, avant d'arriver à la vérité, il a rencontré sur son chemin bien des piéges et bien des écueils. C'est miracle si, parmi tant d'idées fausses qui le séduisaient et l'attiraient, tant d'illusions qui arrêtent les plus sages, ne fût-ce qu'un instant, il a pu résister à leur prestige et préférer l'austère vérité. Comme Descartes, s'il s'est trouvé en de tels chemins, il en ferait honneur plutôt à sa bonne fortune qu'à son mérite. Comment, dès lors, ne serait-il pas indulgent aux défauts d'autrui ?

Il sait encore que la vérité a des formes multiples et qu'elle est loin d'être toute connue. C'est folie à un esprit d'homme de prétendre l'embrasser tout entière et enfermer dans un étroit cerveau tout ce que la pensée humaine est capable de découvrir. Or, la vérité étonne toujours la première fois qu'elle se découvre; chacune de celles qui font l'orgueil de notre science a commencé par être une erreur ou au moins un paradoxe. Pour l'apercevoir, il faut que l'esprit humain égale par une division infinie du travail la variété infinie des aspects qu'elle peut prendre. — Comment donc s'étonnerait-il lorsqu'il entend exprimer des opinions contraires à celles qu'il professe ? Comment les condamnerait-il à l'avance ? Il les accueille sans colère et sans crainte; il les discute, sinon sans passion, du moins sans haine, prêt à les admettre si elles font leurs preuves; et ce n'est pas le moindre mérite de cette certitude d'être capable de se remettre en question, d'admettre la discussion, de pouvoir toujours retrouver et présenter ses titres.

Enfin, et par-dessus tout, il n'oublie pas que cette croyance sereine dans laquelle il se repose, c'est la liberté qui l'a faite, et par là même la liberté en lui et en autrui lui paraît toujours infiniment respectable. Il admet le droit à l'erreur. Il pourra agir sur les volontés par la persuasion et l'exemple; entreprendre contre elles par la contrainte et la persécution, outre que c'est la plus vaine des folies, lui semblerait le renversement de toute science et de toute vertu.

Il n'est point à redouter d'ailleurs que cette certitude si calme et si ouverte ne soit une forme de l'indifférence ou du scepticisme. Il sait trop bien que la vérité, quoi qu'on en dise, ne fait pas son chemin toute seule; qu'elle peut être étouffée; que sa lumière est trop pâle et trop froide si elle ne brille que pour les intelligences, et qu'il faut échauffer les cœurs pour faire éclore les croyances. Il agira pour ses idées et pour sa foi; mais au fort de l'action et de la lutte, il se devra à lui-même d'être, par-dessus tout, fidèle à la vérité; de rester capable de tout comprendre; de mettre à part, au-dessus des débats et comme dans un lieu inaccessible, son impartialité intellectuelle; de conserver, enfin, ce qui est la formule même du progrès, avec la fixité des croyances, le mouvement d'esprit nécessaire pour apercevoir et comprendre toute vérité nouvelle.

Depuis Locke jusqu'à Kant, les philosophes se sont souvent demandé quelles sont les limites de la connaissance, et ils ont reconnu que l'esprit humain doit renoncer aux naïves prétentions qu'il avait d'abord manifestées. — C'est un problème connexe et comme complémentaire de chercher comment l'homme peut sortir de son domaine. Ici encore les résultats de l'analyse sont faits pour rappeler la pensée à la modestie.

C'est une chimère de croire que l'esprit aille de lui-même

au vrai. L'erreur lui est aussi naturelle que la vérité; il n'est pas bon en sortant des mains de la nature. S'il est fait pour la vérité, il ne l'atteint qu'en la cherchant péniblement; elle est une récompense plutôt qu'un privilége. Il ne peut, s'il pense, éviter l'erreur, et les exigences de la vie, son propre intérêt, les lois mêmes de la morale, exigent qu'il agisse et qu'il pense.

Pourtant, il faut se garder de tomber dans un autre excès; le pessimisme n'est pas plus vrai que l'optimisme, même dans la théorie de la connaissance. — L'erreur peut être corrigée, si elle ne peut être évitée. La vérité est accessible, et la certitude légitime. Il faut savoir reconnaître le mal sans illusion, et aussi faire la part du bien, sans s'abandonner au désespoir. — Le mal et le bien proviennent d'une source unique : la liberté. Il est intéressant de remarquer que, même dans l'ordre intellectuel, la liberté seule guérit les maux qu'elle a faits.

Vu et lu,

A Paris, en Sorbonne, ce 5 octobre 1878,

Par le Doyen de la Faculté des lettres de Paris,

H. WALLON.

Vu et permis d'imprimer :

Le Vice-Recteur de l'Académie de Paris,

A. MOURIER.

TABLE DES MATIÈRES

Nancy. — Imprimerie Berger-Levrault et Cᵢᵉ.